Uma partida de Amor

Uma Partida de Amor

1-10-05-20.000

Direção editorial: **Flávio Machado**
Assistente editorial: **Dirce Yukie Yamamoto**
Chefe de arte: **Marcio da Silva Barreto**
Capa (criação): **Flávio Machado**
Diagramação: **Ricardo Brito**
Revisão: **Maria Aiko Nishijima**
Berenice Martins Baeder
Fotolito da capa: **Yanguer Stúdio Gráfico Ltda.**
Impressão: **Yangraf Gráfica e Editora Ltda.**

Dados Internacionais de Catalogação na Publicação (CIP)
(Câmara Brasileira do Livro, SP, Brasil)

Josué (espírito)
Uma partida de amor / romance do Espírito Josué ; psicografia de Eurípedes Kühl. – São Paulo : Petit, 2005.

ISBN 85-7253-134-3

1. Espiritismo 2. Psicografia 3. Romance brasileiro I. Kühl, Eurípedes. II. Título.

05-6910 CDD: 133.93

Índices para catálogo sistemático:

1. Romances espíritas: Espiritismo 133.93

Impresso no Brasil, na primavera de 2005.

Prezado leitor(a),

Caso encontre neste livro alguma parte que acredita que vai interessar ou mesmo ajudar outras pessoas e decida distribuí-la por meio da internet ou outro meio, nunca deixe de mencionar a fonte, pois assim estará preservando os direitos do autor e conseqüentemente contribuindo para uma ótima divulgação do livro.

Uma partida de Amor

Romance do Espírito
JOSUÉ

Psicografia de **Eurípedes Kühl**

petit
editora

Rua Atuaí, 383/389 – Vila Esperança/Penha
CEP 03646-000 – São Paulo – SP
Fone: (0xx11) 6684-6000
Endereço para correspondência:
Caixa Postal 67545 – Ag. Almeida Lima
03102-970 – São Paulo – SP

www.petit.com.br
petit@petit.com.br

Livros do médium
EURÍPEDES KÜHL:

Com o Espírito Josué

– *Infidelidade e Perdão*
– *Uma Partida de Amor*

Com o Espírito Roboels

– *Sempre Há uma Esperança*
– *Transplante de Amor*

Com o Espírito Domitila

– *Os Tecelões do Destino*

Com o Espírito Claudinei

– *Saara: Palco de Redenção*

Do próprio autor

– *Animais, Nossos Irmãos*

Pela *Butterfly Editora*

– *Sonhos: Viagens à Alma*

– Influem os espíritos em nossos pensamentos e em nossos atos?

– Muito mais do que imaginais. Influem a tal ponto, que, de ordinário, são eles que vos dirigem.

O Livro dos Espíritos, questão nº 459

COM GRATIDÃO

Aos médiuns
– amigos e irmãos em Jesus –
que com bondade uniram seus corações ao meu,
nas reuniões mediúnicas de psicografia
em que esta obra se edificou.

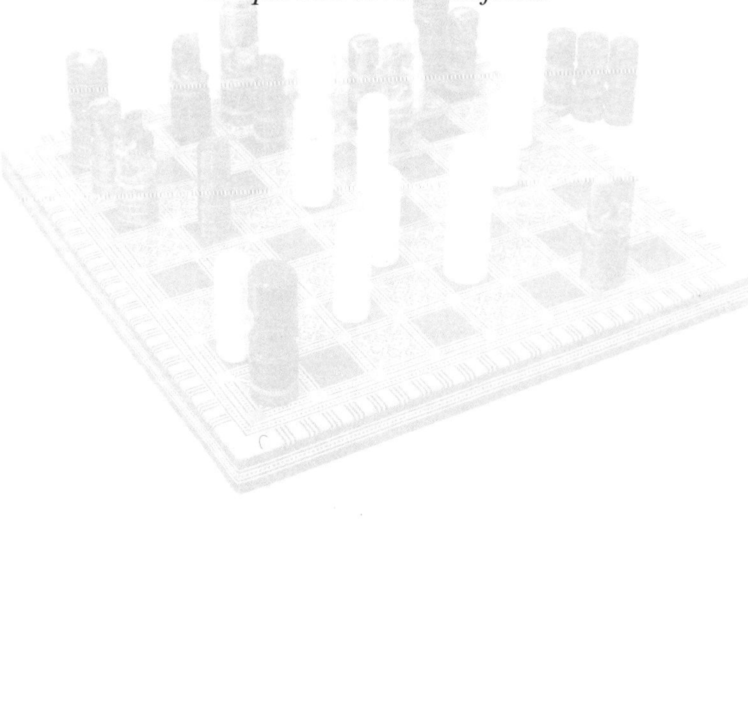

SUMÁRIO

UM

A moça do meio...

– Qual delas?

A pergunta, feita com jocosidade e extrema arrogância, trazia em si um desafio. Com efeito, Leônidas se dirigia a outros dois colegas de serviço – Pedro e Moacir –, todos displicentemente acomodados nas confortáveis cadeiras, em volta da mesa.

Algumas vezes, quando terminava o expediente, os três se reuniam em uma lanchonete qualquer para bebericarem algo ou mesmo para lancharem.

O local desse encontro era escolhido cada vez por um deles. Naquele, do ponto estratégico de sua mesa, podiam apreciar a passagem das várias moças que, àquela hora, igualmente terminavam o trabalho e se dirigiam para casa. Quando as três jovens, do outro lado da calçada, passaram por eles, Leônidas mais uma vez demonstrava sua irresponsabilidade quanto aos sentimentos alheios, pois sem sequer jamais ter visto aquelas moças, fazia delas objetos de infame divertimento. Sabia-se bonito, talvez bonito até demais, e com a vaidade incensada desde adolescente por seus próprios familiares, tornara-se um *conquistador barato*. Não que haja *conquistador caro*, posto que qualquer um que viva só de ou para conquistas certamente chegará ao dia em que passará a viver de ou com derrotas...

Não era a primeira vez que fazia aquilo: quando ocasionalmente ali se reunia com seus amigos, gostava de os desafiar, como agora:

– Atenção, um de vocês: me aponte qualquer mulher que passar por aqui e se dentro de cinco minutos ela não me der um beijo no rosto, eu pago sua conta. Mas, se for beijado, quem terá que pagar minha despesa será aquele que indicou qual delas.

Os amigos, intimamente até irritados com tanta petulância, arriscavam. Ficavam examinando as mulheres que passavam e quase sempre escolhiam uma jovem, que fosse bonita e que estivesse bem vestida.

Pedro se aventurou e quando as citadas três jovens passaram por eles, do lado oposto da rua, indicou a do meio.

Imediatamente Leônidas se levantou e foi na direção delas...

Logo as alcançou e colocando-se na frente delas, de forma a barrar-lhes o passo, disparou:

– Por favor, me dêem um minuto da sua atenção... Meio minuto...

As moças não gostaram daquela atitude inconveniente e amarraram a cara.

Leônidas, bem treinado nisso, não se deu por vencido. Expressando angústia, disse em tom de súplica:

– A questão é de doença grave... é que... é sobre minha irmãzinha...

Antes que as três pudessem esboçar qualquer reação, injetou mais sofrimento no semblante e emendou:

– Eu e minha irmã somos órfãos e ela precisa ainda hoje ser internada num hospital, pois está passando mal...

Nem trinta segundos haviam se passado e, no íntimo das três moças, os seguintes sentimentos haviam visitado a alma delas: um homem desconhecido, mas de extrema beleza, estava diante delas; devia ser solteiro, pois não tinha aliança em nenhuma das mãos; trazia muita angústia na face, na voz e na postura; aparentava estar muito aflito, pois tinha irmã com doença grave; tão jovem e já era órfão.

Todo mundo sabe, sem que sejam necessários estudos psicológicos ou outras explicações, que as mulheres, invariavelmente, trazem na personalidade um permanente sentimento maternal que as induz a proteger os desvalidos, sejam eles quem forem. Se nem sempre agem no sentido de prestar auxílio a todos eles, isso se dá em razão de que igualmente possuem um oculto senso de análise, que lhes adverte quando alguma coisa não é o que parece.

Com efeito, a intuição feminina é quase infalível...

Mas, no caso de Leônidas, o magnetismo que exalava de sua presença tinha o condão de anular essa poderosa arma feminina, fosse com adolescentes, jovens, mulheres de meia-idade ou mesmo senhoras idosas – pelo menos, a maioria delas.

Sua beleza agia qual anestésico sobre esse dom natural das mulheres.

Nem ele mesmo conseguia explicar como é que isso acontecia.

Mas que acontecia, isso não havia a menor dúvida.

E, quando possível, disso sempre procurava tirar proveito, pouco se importando com as conseqüências.

Afinal, quantas vezes ele já praticara esse golpe e sempre vencera?

Com a confiança própria dos vencedores de muitas batalhas e jogando muito mais com sua indiscutível beleza, dirigiu-se particularmente à moça do centro do trio, aquela que havia sido indicada por Pedro:

– Posso lhe pedir uma caridade?

Leônidas jogava muito bem com as palavras: sabia que a palavra "caridade" tem um altíssimo potencial astral. Empregá-la em vão, outro dos seus equívocos...

A jovem sentiu um calor percorrer-lhe dos pés à cabeça e embevecida, por ter sido distinguida com a escolha daquele homem encantador, desguarneceu-se de suas defesas, mas também se sentindo muito vaidosa, respondeu:

– Mas... nem o conheço... não sei se vou poder lhe ajudar.

A resposta já punha à mostra que se tratava de uma pessoa de limitados recursos financeiros, contudo não excluía a possibilidade do auxílio.

Leônidas, apontando para seus amigos, foi direto ao ponto:

– Está vendo aqueles dois rapazes sentados do lado de lá da rua?

– Sim, estou.

– São meus amigos. Têm posses, mas são mesquinhos...

– ?

– Explico-me: pedi a eles mil reais emprestados para internar minha irmã e sabe o que me responderam?

– ?

– Não sei se devo dizer...

– Diga, diga!

– É com relação à sua pessoa...

– Comigo?! Mas, o que pode ser, se também nunca os vi?

Na mesma hora a jovem pensou: "claro que é porque sou a mais bonita".

As duas amigas, também de pronto, imaginaram: "por que não eu?"

Leônidas cruzou as mãos, apertando-as nervoso e respondeu, tímido:

– Tenho receio de dizer o que eles...

– Por quê? O que é que eles falaram e ainda por cima sobre mim?

– Eles me disseram que emprestam o dinheiro desde que você me dê um beijo no rosto. Ao menos, um beijinho...

– Eu?! Mas por que eu?

– Em primeiro lugar, porque são insensatos, irresponsáveis. Em segundo... acredito que por causa da sua beleza...

Leônidas sabia que seus amigos haviam escolhido aquela moça porque, das três, era mesmo a que tinha melhor aparência, isto é, era a mais bonita, e com certeza a mais difícil em concordar com aquela coisa ridícula.

Era aí que se enganavam sempre: novamente jogando com a experiência que acumulara pelo uso (equivocado uso) dos próprios dotes físicos com que o brindara a natureza, Leônidas sabia perfeitamente que uma mulher bonita, qualquer mulher, já ouviu "milhares de vezes" e da boca de "milhares de pessoas" que é bonita. Ora, naquele caso, a jovem nem sequer precisava que Leônidas lhe dissesse, mas tinha como certeza de que fora escolhida justamente por ser a mais bela das três.

E isso, obviamente, a colocava em vantagem sobre suas amigas diante daquele verdadeiro "pedaço de mau caminho", segundo popularmente se diz sobre alguém bonito, mulher ou homem.

As colegas não estavam gostando nada do que estava acontecendo.

Era evidente que ambas haviam sido postas à margem de qualquer interesse do moço lindo e isso fazia com que estivessem até um pouco irritadas com ele.

Mas a amiga não dava sinais de que pensava como elas...

Aliás, adquirindo ares de coquete, fingiu ter ficado ofendida:

– Quem eles pensam que sou? Nunca me viram e fazem uma coisa dessas...

Leônidas, então, elevou o charme à potência máxima:

– Você tem toda razão. Não devia ter atrapalhado vocês. Perdoem-me.

Novamente dois apelos sentimentais: concordar integralmente com o que diz a outra pessoa e pedir perdão por eventual constrangimento.

Abaixando a cabeça, no típico sinal dos derrotados, simulou retornar para a companhia dos amigos.

As duas amigas ficaram embaraçadas e mais por compaixão, do que por delicadeza, murmuraram a uma só voz:

– Não foi nada...

Mas a "escolhida" teve outra reação: fazendo um cálculo instantâneo, deu-se conta de que um *simples beijinho* seu valia mil reais. E proporcionou a Leônidas o empréstimo dos tais "mil reais": beijou-o na face, delicadamente. Julgando-se vitoriosa, olhou para os amigos dele e pôde captar-lhes o espanto.

O beijo, embora de muita leveza, nem por isso deixava de estar emoldurado também com sensualidade, pois o sangue aflorara aos lábios, e idéias à mente.

Os olhos dela brilhavam e quase soltaram faíscas ante o demorado olhar que Leônidas dirigiu-lhe, pleno de sedução.

Não se despediram.

Leônidas deixou-as e retornou à mesa da lanchonete.

As três se foram.

Ele, como de costume, tinha convicção de que jamais as veria...

Bem, razão têm todos os conselheiros, encarnados e principalmente desencarnados, quando proclamam o quanto são perigosas as tentações da fortuna e da beleza.

Muitos, ao ouvir esses alertas, espantam-se e intimamente pensam: "como eu gostaria de viver perigosamente assim".

Desconhecem que o maior problema da riqueza é o fato de que quase todos os ricos não têm noção da fatuidade dos bens terrenos, cuja posse material é efêmera, precária, transitória... Se a fortuna é derivada de heranças, aí então o problema se agrava, posto que quem a detém não teve sequer o mérito de trabalhar pela sua conquista.

Ninguém gosta de se lembrar de que nasceu despido e muito menos ainda ousa imaginar como é que voltará "para o lado de lá"... levando o quê?

O dinheiro tem tantas aplicações, mas a humanidade tem como certo que dentre elas a melhor de todas é proporcionar mordomias, prazeres, poder, enfim.

É tido como real o fato de que os rios correm para o mar, isto é, "dinheiro chama dinheiro": quem já tem, ganha sempre mais.

Poucos, talvez, tenham se dado conta de que existe um roteiro existencial, pré-traçado antes do nascimento daquele que vai dispor de altos valores. Como tudo, mas tudo mesmo, pertence a Deus, qualquer tesouro não passa de empréstimo, que, como tal, tem de ser devolvido... e com prestação de contas de como o empregou.

Jesus sabia muito bem dos arrastamentos da fortuna e de como as reencarnações daqueles que serão ricos na Terra são preparadas. Sintetizou esse importantíssimo conhecimento na parábola dos talentos[1].

1 – Mateus, 25: 14-30. (Nota do Editor)

Quanto à beleza, o equívoco ainda é maior: julgando pela aparência exterior, a humanidade decretou que a harmonia dos traços fisionômicos e a "perfeição" do corpo formam o padrão do belo.

E nos tempos atuais a busca desse padrão atinge as raias do absurdo, o que é testemunhado pelos salões de beleza, pelas clínicas de estética, pelos consultórios de intervenções cirúrgicas plásticas, pelas academias de ginástica, pelos retiros (os chamados *spas*, onde o tratamento é passar fome), ou ainda pela quantidade infinita de cremes, pomadas, loções e não sei mais o quê – tudo para que a beleza seja o produto final.

– Quem se preocupa em saber se são bonitos o coração, o pâncreas, os rins, o fígado, a vesícula, o estômago, o baço, os pulmões etc., etc.?

E com toda certeza, os órgãos internos são infinitamente mais importantes para a vida do que a cor dos olhos, o formato do rosto, a maciez ou o bronzeado da pele, a forma do penteado, o maior delineamento das curvas etc., etc.

Mas nada se compara à invisível beleza espiritual que emana das virtudes, tais como a humildade, a compaixão, a fé, a resignação ante os embates da vida e muito principalmente o amor ao próximo!

♟

Não era para falar tanto da riqueza e da beleza...

♙

Voltemos, primeiro, às três moças: quando deixaram o rapaz bonito, duas já logo o esqueceram e se preocuparam, isso sim, cada uma, com a condução que as levaria de volta ao lar depois de um dia de serviço. Nenhuma delas sequer imaginou que sua amiga sentia-se como que em exposição numa torre bem alta, sendo cortejada por uma multidão de servos, cativos de sua beleza, tanto ou mais pródiga do que a do bonito rapaz que havia pouco beijara...

Quanto a Leônidas, conquistador compulsivo, depressa esqueceu "a moça do meio", desconhecendo que o coração é um guardião de emoções e não se brinca com isso. Pela sua mente, jamais passou, em todas as suas conquistas, inclusive esta última, o menor pensamento de que aquilo poderia machucar a alma das suas "vítimas".

Para ele, tudo não passava de uma brincadeira, bem divertida, sem nenhum comprometimento. Nada mais que isso: uma simples diversão, aliás, de curta duração, pois nem se lembrava da fisionomia de nenhuma das moças às quais aplicara tão irresponsável investida.

Quando voltou à lanchonete, seu ar de vitória dispensava palavras.

Seus dois companheiros, mais uma vez, não estavam nada contentes com aquela irritante e repetida demonstração de poder sobre as mulheres. De alguma forma, sentiam-se inferiorizados, humilhados, fazendo papel de bobos.

Pagaram a conta e com palavras curtas se despediram do "serial" conquistador, prometendo a si mesmos que não voltariam a participar daquela bobagem. Estavam já cansados daquele ridículo que, afinal, sempre sobrava para eles.

Leônidas dirigiu-se à residência de Renata, sua namorada havia já quase um ano. Interessante o fato de que ele, podendo por sua futilidade e beleza escolher como namorada qualquer mulher, dentre as mais belas, se enamorara perdidamente pela jovem, bonita sim, mas não tanto quanto outras que tivera.

Renata tinha algo muito superior à beleza física: simpatia radiante, excelente caráter e doçura natural nos gestos e nas palavras. Moça simples, de classe média, morava com os pais e os irmãos.

Desde que Leo a conhecera, algo inexplicável o levara a ficar pensando nela por muitos dias, até que, não mais podendo resistir a essa atração, procurou-a e iniciaram namoro. Na verdade, foi imediato o amor recíproco deles.

Ela também trabalhava, durante o dia. À noite, cursava Filosofia. Em ambos os endereços Leo a levava.

Aqueles rápidos momentos que separavam o término do serviço profissional com o horário do início das aulas, ela e Leônidas aproveitavam para se encontrarem e, mesmo com pressa, verem-se e se acarinharem.

Leônidas levava Renata à faculdade e depois ia para sua casa. Uma ou outra noite ia ao clube de xadrez, onde era considerado o melhor enxadrista. Mas também o mais detestado, pois sempre achava um jeito de humilhar o parceiro, antes de proferir o fatal "xeque-mate".

Naquele dia, ao se deitar, sentiu um levíssimo e distante torpor.

Adormeceu logo.

Sonhou que era noite e chegava a um sítio estranho, de pouca iluminação e, logo adiante, havia uma caverna na qual ele deveria entrar. Um vigia, mal-encarado, dirigiu-se a ele desrespeitosamente:

– Primeiro vamos jogar xadrez...

Nesse jogo Leo se julgava imbatível ou, pelo menos, muito forte. Jogaram. Ele, com as peças brancas. O mal-encarado fazia seus lances e olhava fixo para Leo, aguardando a jogada dele. Nesses momentos, Leo não conseguia concatenar as idéias e quando acabava de fazer sua jogada, logo percebia que não tinha sido a melhor, mas, ao contrário, a pior...

Resultado: perdeu feio.

Aí o medonho vencedor ironizou:

– Você, que vive tripudiando quando ganha, que tal sentir o gosto da derrota? Aliás, você não passa de um enganador no xadrez e na vida, além de se julgar o homem mais bonito do mundo, hein? Pois olhe-se aqui neste espelho.

– Leônidas sentiu um calafrio percorrer-lhe todo o corpo e do alto da sua superioridade, autoconferida, ali ao menos por sua beleza, retrucou:

– Amigo: eu não preciso de conselhos e muito menos de espelhos.

– Oh! Parece que estamos diante de um poeta também.

– Não me aborreça. Desapareça!

– Sim, sim, você, além de muito bonito, parece que gosta das rimas. Então, pega essas: se no espelho não olhar, não o poderei identificar e assim você não poderá entrar...

Leônidas entendeu que para ele não havia alternativa: por algum motivo muito forte, irresistível, precisava entrar e só ultrapassando aquela porteira isso aconteceria. Cedeu. Olhou-se no espelho, não sem antes dirigir um olhar de altíssimo desprezo e superioridade ao guarda-porteira.

Um segundo antes de dirigir seu olhar ao espelho, ficou apreensivo ao perceber que o guarda, com olhar de grande prazer, demonstrava que alguma coisa iria acontecer... E essa coisa só poderia ser com ele, diante do tal espelho.

Olhou. Apavorado, viu que vários dentes lhe faltavam, justamente os incisivos superiores, o que implodia sua beleza. Essa terrível visão fez com que sentisse uma pontada no coração, que doeu muito, fazendo-o proferir um lancinante grito. Antes de perder por completo a noção do que estava acontecendo, ainda ouviu uma sonora e sarcástica gargalhada do guarda. Alguém chamou-o, com aflição:

– Leo! Leo! Acorde, meu filho. Pelo amor de Deus!

Era sua mãe, aflita, tentando acordá-lo. Custou-lhe despertar. Teve grande dificuldade para sair daquele semidesmaio. Trêmulo, suava da cabeça aos pés.

Acalmando-se por ter acordado, não conseguia atinar como é que um sonho tão rápido lhe causara tanto desconforto. Levou os dedos à boca e sentiu alívio.

Percebendo a angústia estampada no olhar da mãe, não conseguiu conter uma reação que espontaneamente o acometeu: começou a soluçar, perdido entre o que era real e o que não era.

– Meu filho, meu filho, o que aconteceu?

– Não sei, mãe. Tive um sonho muito ruim...

– Que sonho, meu filho?

– Depois eu conto...

Muitas horas depois Leônidas ainda estava acordado, com medo de dormir e voltar a ter aquele pesadelo. Só quando o dia clareou é que conseguiu adormecer, mas logo a mãe acordou-o, pois já era hora de ir trabalhar.

Durante todo o dia não conseguiu se concentrar nas atividades profissionais, eis que o terrível impacto que tivera com o mau sonho voltava insistentemente à lembrança. Mais alguns dias, quando na vigília, o sonho vinha à memória, mas aos poucos foi se dissolvendo, até que Leo acabou por esquecê-lo.

Sendo dia do pagamento, este seria também, com certeza, um bom motivo para se reunir a alguns colegas, após o expediente...

No seu departamento, eram muitos os funcionários, e com muitos deles já fizera aquela mesma boba demonstração de apostar que em cinco minutos ganharia beijos de qualquer mulher.

Desde a última vez, quando Pedro pagou a despesa, não mais voltara a fazer aquilo, pois daquele dia em diante começou a ter alguma indisposição física ao término do expediente. Agora que tinham recebido o salário, era comum que vários grupos de colegas se reunissem em algum bar para "umas boas rodadas de cerveja" com aperitivos. E não só para a "paquera", que então rolava solta, mas também as moças, e até algumas senhoras casadas, não perdiam aquela chance de um bom bate-papo com os colegas.

Sempre Leônidas era convidado, por um ou outro grupo.

Dessa vez, espantou-se por ninguém se lembrar dele, pelo que provou o gosto amargo da humilhação.

Procurou Pedro e Moacir e lhes disse, com manifesta superioridade:

– Como é que é? Estão com medo de ter de pagar a despesa?

Os dois deram desculpas e se afastaram, deixando-o sozinho.

Procurou outro grupo. Logo viu Modesto com Tiago. Convidou-os:

– E aí? Vamos tomar algumas?

– Não me leve a mal – respondeu Modesto –, mas hoje vamos nos encontrar com duas garotas...

Não se deu por vencido. Dirigiu-se à lanchonete, aquela mesma onde se reunira com Pedro e Moacir. Viu uma mesa vazia e se acomodou. Fez seu pedido e ficou aguardando que chegasse algum conhecido, para que pudesse realizar aquela "grande demonstração" do quanto tinha poder sobre as mulheres.

Essa postura de Leônidas era-lhe uma compulsão, pois cada vez que conseguia realizá-la, sentia-se energizado, fortalecido, invencível...

Sozinho, à espera de que algum companheiro de trabalho chegasse, amargou por quase uma hora a solidão, mesmo em meio à lotação em que se encontrava a lanchonete.

Já se preparava para ir embora quando teve agradável surpresa: duas moças, muito bem trajadas, exalando um agradabilíssimo perfume, aproximaram-se da mesa em que estava e como quem não quer nada, gesticularam com o garçom, que, à distância, sinalizou-lhes para aguardar vaga.

Leônidas não titubeou:

– Se vocês quiserem me dar o prazer...

As moças se entreolharam, como que trocando opinião, acabando por aceitar o convite.

Quando se acomodaram, Leônidas, exultante por dentro, assumiu aquela pose de conquistador e com voz bem aveludada perguntou às duas:

– Como é que os deuses foram tão generosos comigo em trazer, ao mesmo tempo, duas rainhas para banharem meus olhos em tanta beleza?

No íntimo, o "tanta beleza" era o que pensava dele mesmo.

– Sou Jéssica...

– "Rainha" Jéssica!

– Sou Suzana...

– "Rainha" Suzana!

As moças gostaram do elogio. Leônidas emendou:

– Sou um humilde "servo", que ficará muito feliz se vocês o deixarem ficar na sua companhia.

– Oh! por que não? E a mesa é sua – respondeu Suzana.

– Sim, sua companhia só nos dará prazer – emendou Jéssica, complementando: – além de segurança contra algum engraçadinho, dos muitos que andam por aí...

– Vocês trabalham em alguma empresa aqui por perto?

– Somos estudantes. Um amigo recomendou esta lanchonete, dizendo maravilhas não só dos lanches que são servidos aqui, como também do pessoal "boa cabeça" que costuma freqüentá-la.

– De minha parte fico lisonjeado, pois sempre venho por estas bandas.

– Ainda não disse seu nome...

– Perdoem-me: sou Leônidas.

Após essas breves frases, as jovens fizeram o pedido, lancharam e se prepararam para pagar a conta e ir embora, quando Leônidas interrompeu:

– De forma alguma vocês poderão pagar por aqui, enquanto eu for vivo!

As moças aceitaram a gentileza e se levantaram. Leônidas convidou:

– Posso levá-las?

– Mas você nem sabe para onde estamos indo...

– Seja para onde for, irei com prazer.

– Se é assim, então vamos.

Após Leônidas acertar a despesa, encaminharam-se para o estacionamento.

Levou-as ao endereço que indicaram e, ao chegar, elas o convidaram para uma "rápida visitinha". Obviamente, Leônidas aceitou de pronto.

Chegando ao apartamento delas, no quinto andar, os três adentraram, estampando na fisionomia uma sensual cumplicidade com o que poderia acontecer.

As duas jovens se dirigiram a uma das dependências do apartamento e não foi sem surpresa, quase que com um misto de temor, que Leônidas pôde perceber que trancaram a porta, à chave.

Ficou sozinho no meio da pequena sala, e logo sua leve preocupação se transformou em terrível realidade, pois de dentro de outra dependência saíram dois rapazes que lhe disseram, com grande ironia:

– Então o "moço bonito" veio para mais uma aventura?

Entendendo de pronto que caíra numa armadilha e avaliando que os dois eram robustos, muito robustos, Leônidas ainda gaguejou:

– Quem... quem são vocês? O que querem?

Perplexo, não esperou a resposta e atirou-se em direção à porta de entrada, para sair dali, pois era óbvio que estava sendo vítima de uma cilada.

Mas já era tarde. Um dos rapazes tinha se preparado para essa mais do que provável tentativa de fuga e alcançou-o, logo lhe desferindo um forte tapa no rosto.

Nunca Leônidas havia sofrido agressão igual. Doeu-lhe tremendamente, por dentro e por fora: no rosto e na vaidade.

Viu-se encurralado por dois agressores que sabiam muito bem o que deviam fazer e não demoraram a cumprir o que tinham planejado: dar uma tremenda surra naquele dom-juan barato.

Enquanto apanhava, Leônidas foi devidamente informado do porquê, eis que um dos rapazes, enquanto lhe aplicava bons safanões, esclarecia, prazeroso:

– Isso é para você aprender que não se deve mexer com moças desconhecidas e muito menos ser tão mentiroso.

O outro, fazendo coro, distribuindo sopapos sem parar, perguntava sarcástico:

– Quantas moças você já iludiu? Diga-me, pois para cada um daqueles beijos bobos que você roubou das inocentes, humilhando-as no meio da rua, esse mesmo número de pescoções eu vou lhe dar de presente.

E toma sopapo e pescoção...

A agressão não era de molde a ferir gravemente, mas objetivava, isso sim, reduzir a níveis insuportáveis de humilhação a empáfia que Leônidas sempre demonstrara. Mas os agressores se excederam.

Já beirando o desmaio, viu as jovens saírem do quarto, passarem soberanas por ele, com olhar de desprezo, retirando-se.

Sem quase poder se mexer, com o corpo todo doendo, enquanto um o segurava, o outro aplicava bofetões que faziam estranho eco na sala.

À beira de perder a consciência, não conseguiu mais se manter de pé e caiu fragorosamente no assoalho. Sangrava bastante na boca. Lembrou-se do sonho e pensou: "será que vou perder dentes?" Mas não era isso que de verdade doía tanto, mas sim as grosserias que os agressores lhe dirigiam, sempre aludindo a sua decantada beleza:

– O *belezura* está ficando tão feio...

– Será que alguém ainda vai querer beijar esse rostinho lindo?

– E aí, "narcisão"[2], ainda vai desfilar lindeza?

Após muitas outras referências desairosas à bela figura de Leônidas, sempre seguidas de sopapos no rosto dele, que a essa altura também sangrava, os agressores o carregaram de volta ao carro, onde ele permaneceu por mais de uma hora, em estado de quase inconsciência.

Quando precariamente se sentiu fortalecido para dirigir, foi para casa. Antes, passou num bar e lavou o sangue no rosto, que mesmo assim continuou a escorrer, embora fracamente.

Seus pais, ao vê-lo, com pequenos filetes de sangue pelos cantos da boca e com as faces arroxeadas, inchadas em demasia, tiveram um grande sobressalto:

– Por Deus! Meu filho, o que fizeram com você? O que aconteceu?

Com muita dificuldade Leônidas relatou que fora assaltado e quando eles fizeram menção de chamar a polícia, impediu-os, dizendo:

– Agora eu não poderia dizer muita coisa, preciso tomar algum remédio, quero ir a um pronto-socorro.

O pai levou-o ao atendimento médico de urgência e quando adentrou no hospital o atendente quis detalhes, que Leônidas deu,

2 – O autor refere-se a Narciso, personagem da mitologia grega, jovem muito belo que desprezava o amor. Por isso, as jovens desprezadas por ele pediram vingança aos céus. Então, ele, numa tarde de muito calor, depois de uma caçada, debruça-se sobre uma fonte para matar a sede. Vendo seu rosto nela refletido apaixona-se perdidamente pela imagem. A partir de então, torna-se insensível a tudo que o rodeia e deixa-se morrer. (N.E.)

adiantando-se ao pai, que por sua vez ficou mais surpreso ainda. Disse Leônidas ao atendente:

– Estava namorando e dois bandidos apareceram de repente e me bateram sem parar, pois eu não tinha dinheiro para dar a eles.

O pai de Leônidas sabia que àquela hora Renata estava na faculdade. O filho mentia...

Após ser medicado, não sendo constatada nenhuma fratura visível, ou perceptível, Leônidas voltou para casa, com recomendação médica de retornar no dia seguinte, para se submeter a exames mais detalhados que pudessem melhor avaliar os danos no seu corpo e nas partes internas das faces.

Àquela altura, seu rosto inchara ainda mais. Nos lábios, alguns pontos.

Voltando para o lar, antes de ir para a cama, foi ao banheiro e sem maiores cuidados olhou-se no espelho. Ante o que viu, deu um grito, que fez com que sua boca se enchesse de sangue.

A imagem do espelho era aquela mesma que vira na noite do pesadelo, embora os dentes não lhe faltassem...

– Como aquilo era possível?! – questionou-se.

Por absoluta impossibilidade de explicar o insólito fenômeno, sua mente vivenciava o caos. Mas não demorou a reorganizar os pensamentos e com firmeza inaudita decidiu que se vingaria daqueles que o massacraram.

– Todos eles! Todos eles! – pensava com fervor –, hão de pagar caro...

Nesse diapasão mental deitou e adormeceu.

Teve novo pesadelo: foi obrigado a jogar xadrez, novamente, com aquele medonho parceiro. Agora jogaria com as peças pretas. Jogou. Perdeu. O terrível do sonho é que cada peça que perdia era um dente que caía, só que, desta vez, da arcada inferior.

No dia seguinte à brutal agressão que sofrera, retornou ao hospital, onde foi submetido a uma breve cirurgia plástica.

Saindo do hospital, foi ao dentista e exigiu que seus dentes fossem examinados, várias vezes, embora estivessem em excelente estado.

Vaidoso, pediu afastamento por alguns dias do serviço e também deixou de se encontrar com a namorada.

Dois dias após, ante a ausência do namorado, Renata telefonou para a casa dele e foi Cristina quem a atendeu:

– Dona Cristina, me perdoe ligar para sua casa, mas já há alguns dias que o Leo não vem me visitar... Liguei para o serviço dele e me disseram que está afastado por alguns dias, sob licença médica... Aconteceu alguma coisa com ele?

Cristina, que apreciava muito aquela jovem, tranqüilizou-a:

– Sabe, Renata, meu filho sofreu agressão e precisou fazer uma cirurgia plástica, simples...

Pelo telefonema de Renata, a mãe de Leo captou que o filho mentira, quando dissera que estava com ela ao ser agredido...

Renata, ansiosa:

– Meu Deus! O que a senhora está me dizendo? Foi grave?

Antes de receber a resposta emendou mais algumas perguntas:

– Onde ele está? Em casa? Posso visitá-lo? Quando?

– Acalme-se, minha filha, acalme-se. Não foi grave. Mas Leo não quer que você o veja nesse estado.

Tranqüilizando Renata, complementou:

– Na semana que vem, ele vai fazer o último curativo.

E para deixá-la feliz:

– Ele não vê a hora de se encontrar com você. Ele a ama! Vive dizendo que a primeira coisa que fará é ir abraçá-la.

– Por que ele não me ligou?

– Justamente porque está muito constrangido. Você sabe como é: sempre se julgou bonito e agora, com os pontos, as manchas arroxeadas e os curativos, ele não quer que ninguém o veja assim, particularmente você.

– Compreendo... compreendo...

Embora Cristina não fizesse nenhum comentário sobre os maus pensamentos de Leo, fixado em vingança, alguma coisa na alma de Renata dizia que a mãe dele não havia contado tudo.

Apoiada inconscientemente na quase infalível intuição feminina começou a orar pelo namorado. Fez mais: pediu aos seus pais que levassem o nome de Leo à "reunião mediúnica de desobsessão"[3] no centro espírita que freqüentavam.

Três dias após, Clésia, a mãe de Renata informou-a:

– Filha, ontem, no centro espírita, nas atividades mediúnicas nas quais seu pai e eu participamos, o nome de Leo foi citado...

– Sim, mãe, e o que aconteceu?

– Como você sabe muito bem, após a reunião mediúnica, são realizados breves comentários para avaliação e reflexões. Depois, quando os médiuns saem do centro espírita, após uma reunião dessas, não é prudente comentar o que lá tenha acontecido, pois os espíritos necessitados, por atração magnética, quase sempre virão à presença desses médiuns. Acontece que fora do Centro já não há a indispensável proteção espiritual e assim tais médiuns correm o risco de não poder manter o próprio equilíbrio.

Respirando fundo, Clésia continuou:

– Por isso, o que vou contar para você é com a finalidade de unirmos preces em favor de Leo e de eventuais obsessores dele. Quando há merecimento, os amigos espirituais têm condições

3 – Assistência espiritual. No centro espírita, um grupo de médiuns, reunidos com a intenção de auxiliar os espíritos sofredores, recebe os "desencarnados". Essa ajuda compreende a doação de fluidos e o diálogo por intermédio dos médiuns de psicofonia, os quais transmitem de viva voz as palavras dessas entidades. Esses espíritos, geralmente fixados em propósitos de vingança – conhecidos como "obsessores" –, são esclarecidos por um dos médiuns que geralmente recorre aos ensinamentos de *O Evangelho Segundo o Espiritismo*, de Allan Kardec. (Nota do Médium)

de logo atender aos pedidos. Assim, em atenção ao pedido em favor do Leo, os espíritos protetores informaram que o caso dele só poderá ser resolvido por ele mesmo...

– Como assim? É grave?

– Quanto à gravidade nada foi adiantado, apenas foi recomendado que ele deixe os planos vingativos, já que de outra forma não voltará a ter paz...

– Jesus Cristo! Então o Leo não está bem...

– Isso não sabemos, mas pelo que foi falado e recomendado, ele deve mesmo estar vivenciando momentos difíceis.

Ao adormecer, Leo tinha um pensamento fixo: vingança!

Zunia forte o vento.

Alma não há, "de vivo ou morto", que tendo um mínimo de culpa na consciência e que estando por perto de onde passa uma ventania, daquelas que parecem abrir as portas *daquele lugar* para o qual ninguém jamais pensou em ir, alma não há, dizíamos, que não se amedronte. Ainda mais se estiver quase no escuro...

Isso parece comprovar que a culpa é mesmo uma espécie de sentença jurídica de condenação, que a consciência está sempre pronta a gritar bem alto e que, em determinadas ocasiões, grita mais alto ainda, superando, de muito, o som atordoante do vento.

Por exemplo: qualquer situação de risco, principalmente se tal risco for decorrente de algum fenômeno natural, põe a alma de sobreaviso, e é justamente nesses momentos que a clarabóia do inconsciente se abre e por ela sobem, quais foguetes, as culpas que estavam lá embaixo na mente, muito bem escondidas.

Leônidas estava com essa sensação, extremamente desconfortável.

Sequer passou pela mente imaginar como é que fora parar ali, naquele ambiente tão sombrio, com o vento zunindo e aumentando a cada instante.

Sem que pudesse resistir, muito mais medo sentiu quando percebeu que o vento o estava conduzindo para a frente, sem parar. E ele não podia fazer nada, pois, a cada tentativa feita para interromper aquele indesejado deslocamento, mais e mais forte o vento ia ficando.

Mal comparando, sentia-se como uma agulha atraída por poderoso ímã.

Incapaz de raciocinar, apenas pôde entender, com um breve, mas insignificante, alívio, que não era só ele que estava sendo levado daquela forma: muitas outras pessoas também estavam sendo literalmente arrastadas.

Não conhecia nenhuma daquelas pessoas, igualmente amedrontadas.

Todos, sem exceção, iam numa só direção.

O pavoroso arrastamento não os desequilibrava e qualquer esforço de liberdade era inútil.

Atônitos, puderam vagamente perceber que o vento formava um túnel, pois a paisagem à esquerda e à direita por onde passavam naquele veloz e pavoroso deslocamento apresentava arbustos e árvores secas, que sequer se mexiam, estando em plácido sossego, quais se fossem de granito.

Em todos havia a intuição clara de que era noite. E medo...

Não demorou muito aquela espantosa viagem.

Leônidas e os demais, sem condições de trocar ao menos uma palavra, divisaram que a certa distância um clarão parecia indicar que uma grande fogueira ardia por ali. E era para lá que estavam indo... Ou melhor, que o vento os arrastava.

À medida que se aproximaram diminuiu a força do vento.

Isso, em parte, acalmou a todos, pois o pavor que já os dominava era o de que talvez o vento os levasse para dentro do fogo.

De surpresa em surpresa, o vento parou completamente.

Estavam sim, diante de uma fogueira, mas uma fogueira sem calor e em forma de arco, como se fosse um tosco portal...

Leônidas estimou que, assim como ele, o vento trouxera mais ou menos dez pessoas, todas com uma característica bem definida: uma faixa preta nos trajes, da altura do pescoço à cintura, cobrindo quase metade da parte frontal do tórax. Não compreendeu como é que sua camisa tinha aquela faixa, pois jamais tivera roupa com aquele detalhe...

Verificou que o grupo trazido pelo vento era composto de mais seis homens e três mulheres, sendo duas jovens e uma de meia-idade. O semblante delas era um misto de medo e raiva. Aliás, notando bem, no grupo todos tinham aquela mesma aparência.

Bem no meio da fogueira, de mais ou menos uns três metros de altura, havia uma entrada, qual uma abertura. Foi dali que saiu uma pessoa, franzina, de olhar duro, gestos estudados e voz sussurrante, que lhes disse:

– Sejam bem-vindos.

Os recém-chegados, em reaçao inconsciente, se entreolharam, como que perguntando, uns aos outros, onde estavam, como é que tinham ido parar ali e que coisa estranha tinha sido aquela viagem fantástica.

Já de início foram perdendo o medo e deixando a raiva se mostrar.

Quase se poderia saber que o recepcionista adivinhara o pensamento deles:

– Aqueles que quiserem entrar terão respostas adequadas a todas as dúvidas que certamente têm.

Alguém, tomando coragem, indagou com irritação:

– E quem não quiser entrar?

– O vento levará de volta.

Outro perguntou ainda:

– De volta... para onde? Isto é, onde estamos?

Antes da resposta, um terceiro se encheu também de coragem e inquiriu:

– Aliás, antes de mais nada, quem é você?

A criatura de olhar duro, sem perder a calma diante de tão insistente interrogatório, proclamou:

– Atravessem o portal do fogo da justiça e terão todas as respostas.

– Fogo da justiça? O que é isso?

O recepcionista aproximou-se do grupo e com voz cada vez mais soturna causou em todos forte impacto ao esclarecer:

– Não posso mais perder tempo me pondo a responder perguntas. Não podemos nos demorar aqui fora. Decidam: estamos dando-lhes chance de conseguirem o que vieram buscar...

Como todos voltassem a se entreolhar, desentendidos, ele explicou:

– Todos vocês estão sofrendo por causa de alguém que lhes causou muito mal. Têm o pensamento fixo numa única direção: vingança! E este lugar é especializado em pôr em prática esse desejo. Assim, quem ainda estiver pensando em ajustar contas com alguém pelo prejuízo que tenha sofrido, acompanhe-me.

Dito isso, fez meia-volta e com toda a calma atravessou o pórtico em arco, sem que sequer demonstrasse sentir nenhuma ação do fogo.

Oito adentraram. Leônidas era um deles.

Do grupo, apenas dois não tiveram coragem de seguir o recepcionista ou se arrependeram do que planejavam. Sentiram-se envolvidos na mesma hora por um novo turbilhão, como num redemoinho e foram arremessados para longe dali.

Corajosamente, os visitantes passaram pela fogueira que não queimava.

Ao adentrarem, ficaram boquiabertos vendo uma enorme construção rústica, quase toda de pedra bruta, com várias dependências, sem janelas e portas, quais cubículos interiormente iluminados por pequenas fogueiras que ardiam nos tetos, em vez de luminárias.

Havia um letreiro que dizia: "Pavilhão das justas causas".

Tiveram outra surpresa: o recepcionista, que antes falava quase que em sussurros, agora adquiriu forte expressão de comando e determinou, com voz autoritária:

– Permaneçam em silêncio. Justus logo os atenderá.

Dito isso, afastou-se, deixando o grupo perplexo.

Ninguém agora teve coragem de falar algo. Apenas ficaram aguardando.

Da dependência que ficava no centro do grande prédio saiu um homem trajado como os nobres da era clássica, com vasta cabeleira postiça branca e de tranças. Apoiava-se em uma bengala de ébano, com ponta de ouro.

Disse em tom paternal:

– Ora, ora, meus filhos, então vieram se alistar no batalhão dos justiceiros?

Como ninguém se atrevesse a responder, tentou deixá-los à vontade:

– O que mais impera por aqui é o senso de justiça. E justiça não se faz com mentiras ou disfarces. Ninguém chega nestas bandas sem que o deseje. A forma como vieram, a bordo do "vento da noite", é um aval seguro de que desejam se vingar de alguma ofensa grave que tenham sofrido.

Dando ênfase às palavras, completou:

– Não é isso mesmo?

Com timidez, um a um respondeu:

– Sim...

– Muito bem, então vamos primeiramente nos entender, de forma que ninguém venha a apresentar nenhuma reclamação. Aqui sou o responsável, quem decide, pois sou o fundador desta instituição, que se regula por leis editadas por mim.

Inflando o peito de vaidade, proclamou:

– Muitos me chamam de juiz. Na verdade, sou magistrado máximo e não é por acaso que meu nome é Justus. Estou aqui há muito tempo e tenho sempre auxiliares os quais denomino "pretores"[4]. Estou aqui há muito tempo, mas os pretores já se revezaram algumas vezes.

De fato, cada vez mais espantados, os visitantes ficaram ainda mais assustados quando Justus lhes esclareceu:

– Para que haja perfeito entrosamento entre o que vocês querem e o que nós podemos lhes oferecer, deve ser lavrado um contrato...

Nesse ponto, o que mais esperar, que outras surpresas os aguardava?

Foi Leônidas que, num impulso de liderança, perguntou:

– Como o senhor sabe que queremos nos vingar?

– Tudo isso lhes será explicado, no momento certo. Por ora, não podemos adiantar muitas informações, pois estamos na fase de contratação. Vamos expor nossas condições e, caso vocês concordem e reafirmem submissão a elas, nós nos comprometeremos a realizar o que desejam. Entendido?

Antes de obter resposta, Justus acrescentou:

– Tudo aqui é feito de forma voluntária, sem ninguém se sentir forçado, do contrário, as coisas desandarão. Por isso, todos têm ampla liberdade para aceitar ou recusar o que propomos. Só os advirto que, uma vez fechado o contrato, aí não haverá mais chance de revogá-lo, pois não estamos brincando e sim dando marcha à justiça, como a entendemos.

Novamente Leônidas se adiantou aos demais e inquiriu:

– Como o senhor fala, dá a impressão de que será efetuado um trabalho, ou melhor, que conseguiremos o que queremos, mas teremos de pagar um preço...

4 – Magistrado que, na Roma Antiga, fazia a justiça. Durante o Império Romano, no século segundo, teve a função enfraquecida. No Brasil, representa magistrado de alçada inferior à de juiz de direito. (N.E.)

– Oh, você está se adiantando um pouco, mas não faz mal. Até está me ajudando. Nossa proposta é simples: pedimos que vocês trabalhem um pouco para nós e isso os tornará credores do devido pagamento.

– Pagamento? Como, pagamento? – perguntou um dos recém-chegados.

– Simples: sob nossa orientação, concretizamos com segurança a vingança que almejam.

Um outro perguntou:

– Quando o senhor diz que teremos de trabalhar um pouco gostaria de saber qual tipo de trabalho e o quanto é "um pouco"?

– Sim, sim, trabalharão em equipe, com nossos instrutores – os pretores – ajudando-os a realizar a pretensão de cada componente da outra turma que chegou antes de vocês. Assim que essa turma for atendida, será a vez de vocês.

– Mas... – questionou Leônidas – o que vocês ganham com tudo isso?

– Nossa devoção é a reposição da justiça onde quer que alguém necessite. Eu e meus dois comandados somos autoridades que, embora em tempos e situações diferentes, fomos altamente desrespeitados. Por isso juramos promover ajustes, a que custo for!

Para grande espanto dos que haviam acabado de chegar, exclamou:

– Com isso cremos firmemente que estamos trabalhando pela paz do mundo!

Fazendo um gesto de quem não queria mais continuar a responder perguntas, convidou o grupo para segui-lo:

– Venham comigo e muitas perguntas serão respondidas só de testemunharem nossas atividades.

Adentraram todos numa daquelas dependências e lá estavam quatro pessoas. Justus esclareceu:

– São meus dois auxiliares e dois rapazes "requerentes" da turma anterior, que constava de dez pessoas, das quais quatro desistiram e quatro já foram devidamente atendidas. Cada dependência dessa que estão vendo é destinada a alojar os componentes de uma turma, até que todos estejam atendidos. Temos sempre uma turma em permanente atividade de atendimento, sendo que pouco antes dessa turma se desfazer, outra logo é admitida. Informou:

– O "vento da noite" sopra quando as pessoas dormem e vêm para estas bandas. Isso acontece todas as noites, mas quando nossa lotação não comporta mais novatos, então os interessados vão para outras regiões, onde certamente encontrarão o que buscam...

Leônidas notou que os dois remanescentes "da última turma" usavam trajes iguais ao seu e dos colegas, só que com listas vermelhas. Questionou:

– O que significam aquelas listas vermelhas?

Justus olhou-o demoradamente e por fim dignou-se a responder:

– Cada coisa a seu tempo. Já disse que vocês terão todas as respostas com o que presenciarão. Não façam mais perguntas.

Um pretor, na verdade técnico em hipnose, passava a limpo a última instrução aos dois rapazes que tinham listas vermelhas na roupa:

– Estamos bem entendidos: vocês já conseguiram o direito de receber o que vieram buscar. Vamos agora mesmo buscar seu prêmio.

A um sinal de Justus o pretor informou aos dois "requerentes":

– Teremos a companhia de "requerentes" neófitos, que igualmente vêm até aqui tentando realizar o reconhecimento das suas "justas causas".

Dito isso, algo de espantoso aconteceu: Justus entrelaçou seu braço no dos pretores e determinou que todos fizessem o mesmo, uns nos outros, até formarem um círculo. Feita a roda, todos de braços entrelaçados, viram Justus e os pretores olharem fixo para o teto, onde ardiam chamas que não queimavam... Daí a instantes, os demais sentiram invencível impulso de também olhar fixo para as chamas. Como num turbilhão, o grupo começou a rodar, rodar, rodar...

Em instantes, já não mais estavam no "Pavilhão das justas causas" e sim num ambiente que em uníssono os dois rapazes "requerentes" da turma anterior reconheceram. O prédio era um hotel, no centro da grande cidade.

Nem um segundo se passara e todos se viram no interior do hotel e, mais, dentro de um apartamento onde um homem dormia na companhia de uma mulher.

– É ele! É ele! – gritaram os dois "requerentes".

Como que para justificar ao grupo de neófitos seu desejo de vingança narraram:

– Oh!, é aqui que aquele miserável "apronta das suas"! Por diversas vezes ele nos trouxe para jogarmos e bebermos em companhia feminina. Lá na firma, da qual é dono, vive perseguindo as empregadas... Certa vez, a última em que aqui estivemos, fomos vítimas de uma denúncia, de aproveitamento de candidatas a emprego... e ele é que tinha trazido as candidatas e nos apresentado... nesse dia ele estava em companhia de uma antiga conhecida.

Olharam para Justus e para os pretores e confessaram:

– Foi nesse encontro com as candidatas que a polícia nos prendeu em flagrante, e todos... fomos para a cadeia e respondemos a processo... ele se safou, dizendo que fomos nós que o convidamos, que veio sem saber do que se tratava. A mulher que estava com ele testemunhou a favor dele e com isso ambos se safaram. Depois disso, simplesmente arranjou uma desculpa e nos despediu. Até hoje não conseguimos mais emprego...

Dois vultos que estavam na cama, praticamente acoplados ao casal, saíram espavoridos e ninguém se espantou com o fato de as portas estarem fechadas e eles passarem por elas sem as abrir.

Aliás, num átimo, Leônidas também raciocinou: "como é que viemos parar aqui, estando as portas fechadas"?! Não teve tempo de sequer perguntar, pois Justus aproximou-se do leito e pondo a mão sobre a cabeça do homem, determinou:

– Volte!

Imediatamente todos presenciaram fato ainda mais instigante: vindo do alto do teto, como que flutuando no ar, surgiu uma "duplicata"[5] do homem que dormia no apartamento. A "duplicata" aproximou-se e tentou se justapor ao corpo adormecido, mas Justus impediu-o, com um vigoroso comando:

– Permaneça ainda conosco, algum tempo. Temos contas a ajustar!

– Que querem? Como é que invadiram meus aposentos? Saiam já daqui!

– Cale-se!

Após essa ordem, Justus ficou entre a "duplicata" e o corpo adormecido. A seguir, determinou aos pretores e aos dois "requerentes":

– Podem realizar a tarefa programada.

Para perplexidade de Leônidas e do seu grupo, viram os quatro se aproximarem da "duplicata" e sem aviso algum passarem a agredi-la, com palavras extremamente ofensivas. Tanto ofenderam que a "duplicata" deu sinais de tontura. Era esse o momento esperado, pois Justus determinou:

– Agora faremos os pratos da balança se equilibrarem...

Dito isso, colocou a mão na fronte da "duplicata" e em tom grave, rouquenho, começou a pronunciar frases de terrível configuração:

5 – Na verdade, não era uma duplicata, e sim o perispírito que retornava ao corpo físico. E é o perispírito a forma original que modela o organismo, não o contrário. Quando a pessoa dorme, o perispírito se afasta do corpo, mantendo-se porém a ele ligado por um laço invisível denominado "cordão fluídico". O termo "duplicata" é aqui usado como sendo aquele que o personagem assim definiu o que via. (N.M.)

– De agora em diante você ficará na sua firma trabalhando até quase meia-noite, até se exaurir, fisicamente. E por muito tempo perderá o interesse por mulheres.

Essas frases foram repetidas à exaustão.

Em menos de meia hora Justus considerou que seu propósito estava garantido e que não mais precisariam retornar.

Voltando a entrelaçar o braço aos dos pretores e aos dos demais, como vieram, retornaram ao "Pavilhão das justas causas".

Determinando que todos se assentassem, Justus dispensou os pretores. Dirigindo-se ao dois "requerentes", disse-lhes secamente:

– Vocês já obtiveram o que vieram buscar. Agora, retirem-se.

Para espanto da turma de novatos, observaram que os dois que os deixavam agora tinham o traje todo na cor preta, sem as listas vermelhas...

Justus, a sós com o grupo de Leônidas, agora em tom muito paternal, convidou:

– Como cada um tem uma história diferente, gostaríamos de ouvir o que aconteceu a cada um de vocês. Com esse conhecimento, seu desejo poderá ser muito mais facilmente realizado.

Advertiu, agora enérgico:

– Acima de tudo, prestem bem atenção: cada um, ao narrar os fatos que desencadearam a injustiça que o alcançou, terá de ser absolutamente sincero, pois nossas obras têm por base repor a justiça.

Assumindo ares de absoluta certeza, promulgou:

– Nenhuma obra, no céu ou na Terra, pode ser edificada sobre alicerces de areia. Tudo o que aqui se faz tem por base a verdade.

Incrível! Como é que alguém pode se julgar promotor da verdade, agindo com vingança?!

A verdade, em todos os tempos, só será integral se representar fielmente algo que exista na natureza, que é criação divina, sem quaisquer reparos, pois.

Sentimentos, pensamentos, emoções e idéias são expressões espirituais, variáveis de ser para ser e que passeiam de alma em alma. Por isso é que não será nelas que encontraremos a verdade absoluta, mas tão-somente as verdades relativas, que, sendo boas para o autor, nem sempre o serão para os demais.

Não é sem razão que popularmente se diz que a verdade de cada pessoa se altera de acordo com as circunstâncias e que, para cada fato, sempre é possível que, no mínimo, sejam eleitas duas versões, ambas, *verdades verdadeiras*.

A verdade absoluta, aliás, é tão fulgurante, que homem não há que a pudesse olhar de frente, posto que ficaria cego, tamanha a luz que dela procede.

Essa verdade, a integral, é uma das manifestações de Deus, difundida em todo o universo, e somente quando o espírito se reveste do bem ele a entende.

Se pudéssemos resumir em um pequeno conceito o que é a verdade, diríamos que ela é uma das faces mais resplendentes do amor de Deus – amor que Jesus muito bem consubstanciou ao conclamar toda a humanidade para que estivesse com Ele, pois que representava "o caminho, a verdade e a vida"[6].

Já a verdade relativa, a dos homens, ela não deixa de trazer no seu bojo alguma parcela, quase sempre minúscula, da verdade integral. Como simples exemplo, a propósito da vingança, não se pode deixar de reconhecer que aquele que foi prejudicado está em busca de reparação. Reparar, pois, faria com que a humanidade fosse muito mais feliz se as pessoas tivessem em conta que não há efeito sem causa, isto é, nada acontece com quem quer

6 – João, 14:6. (N.E.)

que seja, se isso mesmo não estiver rigorosamente previsto pela divina Lei de Ação e Reação – causa e efeito.

Toda vez que o ser mergulha no desvão da justiça pelas próprias mãos, ou que seja disso o responsável (autor intelectual), de fato está se comportando como alguém que acabou de ficar curado e desesperadamente volta a ficar doente. Como se vê, é uma loucura, uma insensatez, um despropósito.

Isso acontece, quase sempre, não porque o indivíduo atingido seja de todo mau, mas principalmente porque ignora como Deus, a Inteligência Suprema, o Criador incriado, o Pai de Amor, engendrou a vida, a criação dos seres e sua inexorável evolução rumo à felicidade.

– E, até onde sabemos, como é que tudo isso vem acontecendo?

– Em primeiro lugar, é forçoso admitir que Deus cria sem cessar e proporciona a cada ser, desde a origem, todas as condições para evolver e viver feliz. Para tanto, todos temos como presente a eternidade, passando dos reinos inferiores até o reino da razão, quando somos contemplados com a consciência, bússola infalível para que inteligentemente decidamos nossos atos, que podem ser bons ou maus, gerando créditos ou débitos morais.

Não dificulta raciocinar que essa simples equação responde por todos os acontecimentos que marcam o nosso dia-a-dia, existência a existência.

Por isso, não é compatível com as normas divinas, impressas em nossa consciência, agir em causa própria, quando o móvel da ação seja reparar algo que nos tenha alcançado e trazido desconforto, sofrimento ou angústia – geralmente, perdas...

Justus, dando mostras de grande conhecimento de psicologia, utilizou a sua própria história, que passou a narrar, para deixar os "requerentes" novatos bem motivados a seguir seu exemplo, isto é, contar suas desditas, sem nada ocultar. Assim, falou Justus:

– Em tempos que não vão longe, coisa de pouco menos de dois séculos, eu era um nobre europeu, de livre trânsito no palácio real. Tinha um estranho poder: o de fazer com que as pessoas me obedecessem... Bastava eu me concentrar e olhar fixo em quem quer que fosse, e não tardava eu o tinha como que um cordeirinho a cumprir minhas ordens. Isso valia também para meus desejos... Oh! Como eu era poderoso então. Não raras vezes o rei me consultava sobre as questões mais importantes do reino. Após estudar todos os antecedentes e conseqüentes, eu formulava pareceres que logo se transformavam em éditos reais. Não será necessário comentar que meu poder era grande... Nada mais justo, assim, que, em contrapartida, usufruísse benesses que a poucos eram concedidas. Isso motivou inveja em outros palacianos de menor competência intelectual que a minha... Tamanhas e tantas as intrigas que foram derramadas pela corte sobre mim que o rei não teve alternativa senão me afastar da intimidade com o poder... Não satisfeitos, adversários anônimos e intrigantes tanto fizeram que fui transferido do esplendor da vida próxima ao rei para a nefasta vida em companhia de malfeitores... Isso mesmo: fui condenado às masmorras, como reles criminoso.

Nesse ponto, Justus respirou fundo e completou a narrativa:

– Outros prisioneiros, muitos dos quais me consideravam o culpado de suas condenações, depressa arranjaram um jeito de se vingar e foi com torturas sem fim que deixei o mundo dos vivos-mortos, para me achar no mundo dos mortos-vivos, que é este onde agora estamos. Vi meu corpo ser queimado e isso me deu tanta força, tanto ódio, que prometi a mim mesmo que, quando pudesse, usaria o fogo como ferramenta de trabalho. Sim, há já algum tempo as chamas são as páginas do meu código de justiça.

Fez outra grande pausa, que ninguém ousou interromper. Seguiu:

– Estava longe de imaginar o que me esperava quando, abruptamente, transpus o grande portal que impõe a uma mesma vida outra maneira de viver, alterando estranhamente a paisagem... Aos meus tormentos de fome, frio e sede, eram acrescidos os castigos que nem sei quantos vingadores infligiram. Aliás, para mais sofrimento, me contaram e provaram que os responsáveis pela minha ruína foram duas criaturas que eu mais amava...

Suspirou e seguiu:

– Meu ódio foi aumentando, na razão das dores que me visitavam. Até que, quando já não mais me restavam esperanças, um bando de arruaceiros me adotou, com a condição de que eu lhes ensinasse como administrar essas estranhas coisas deste lado da vida. Ora, ora, quem era eu para ensinar a quem quer que fosse como administrar angústias? Logo eu, que estava justamente ansiando por alguém que me ajudasse na grande vingança que já tinha em mente...

Respirou fundo, olhou um por um, quase que com melancolia. Logo, seu olhar se inflamou, refletindo talvez o fogo que ardia no teto... E concluiu seu triste relato:

– Se aqueles parvos eram a única chance de que dispunha, obviamente aproveitei minha superioridade intelectual e, sem demora, eu já os chefiava. E eles me obedeciam cegamente, pois por meu intermédio desenvolveram estranha capacidade de transformar criaturas em dóceis e obedientes escravos.

Divagando o olhar, como se estivesse revirando esquecidas lembranças, complementou:

– Fiz inúmeras tentativas de me fixar na cidade em que me supliciaram, mas quando consegui ir até lá, não encontrei nenhum dos meus inimigos. Muito tempo havia se passado... Com muita dedicação e cada vez mais reforçando meu pensamento de vingança sobre eles, vim parar nesta cidade, deste outro continente, onde consegui me reencontrar com alguns deles, então revestidos da roupa carnal... De alguns me vinguei, de outros perdi completamente o endereço e já faz tempo que passei a atender àqueles que assim como vocês confiam nos meus decretos justiceiros.

Encerrando a infeliz narrativa, Justus ainda prestou uma última informação, em tom sombrio:

– Comandando os parvos, logo elegi dois deles como meus pretores... Aliás, como já disse, de tempos em tempos eu dispenso uns e "contrato" outros. É assim que não me foi nem tem sido difícil justiçar alguns de quantos haviam me atacado. Primeiro, tratei dos que estavam nestas paisagens, depois... bem depois, de uma maneira quase que automática, que não sei bem explicar, conseguimos ir à outra paisagem da vida, onde consegui encontrar quase todos os que faltavam para a minha vingança. Prestem bem atenção: eu disse "quase todos", pois ainda falta alguém... um casal que trazia no meu coração e a quem apadrinhava na corte e que justamente desencadeou a traição que me levou à derrota.

Ainda acrescentou:

– Já recebi vários convites para deixar esta vida, por mensageiros os quais não consegui dominar mentalmente. Não aceitei, pois só encontrarei ânimo para qualquer recuperação daquele meu grande poder e das grandes mordomias a que tenho direito quando eu encontrar e justiçar os dois traidores.

Todos do grupo que o ouviam, sem exceção, só então se deram conta de que eles também estavam mesmo num ambiente completamente desconhecido, presenciando coisas que, em condições normais, só poderiam acontecer em um mundo irreal... Seria esse o mundo dos mortos?

Alguém perguntou, em sobressalto:

– Se este é o mundo dos mortos, como é que estamos todos vivos?!

– Entendam bem que não estamos aqui para dar aula sobre o desdobramento da vida. Vocês acham que estão vivos ou mortos? O que importa?

Os visitantes sentiam grande desconforto, pois tudo o que vinha acontecendo não obedecia a padrões de normalidade.

Captando tal clima, Justus explicou:

– Vocês estão dormindo. Quando acordarem, vão se lembrar vagamente que tiveram um sonho estranho. Cada um, certamente, dará uma interpretação para o que sonharam, mas no fundo, isto é, no subconsciente, a vontade de ajustar contas com quem os feriu estará mais robusta.

Alguns sonharão com tempestade, outros com um filme desses que mostram fúria na natureza, outros com incêndios, e quase todos, com zebras.

Leo pensou: "deve ser por causa das faixas pretas no nosso peito"...

Dito isso, Justus declarou:

– Enquanto estiverem estagiando sob minhas ordens, e isso demandará várias noites, nenhum de vocês será tratado pelo nome e sim por número. As turmas, desde que chefio este estabelecimento de acerto de contas, são numeradas também e todas se denominam "Com justiça". A de vocês será a de número 179. Vocês foram reunidos em razão da semelhança do motivo pelo qual vieram nos procurar.

A seguir, advertiu enfático:

– Nunca se esqueçam de que foram vocês que nos procuraram!

Dito isso, aproximou-se mais, foi colocando a destra sobre a fronte de um por um, onde se demorava um pouco.

Quando todos já tinham recebido aquela doentia transfusão magnética, Justus considerou encerradas as "matrículas". Sentenciou:

– Vocês já estão interligados por fortes laços, que dificilmente se romperão. A breve tempo iniciaremos a conquista do prêmio que cada um deseja. Agora retornem ao seu endereço.

Quando aquelas almas tão fixadas em desforra acordaram, em meio à madrugada, traziam na memória quadros confusos de temporal, fogo, reunião com pessoas que nunca tinham visto e das quais se tornaram amigas.

Realmente, houve quem sonhasse com faixas de distinção colocadas no peito e quem sonhasse que estava num zoológico, onde acontecia um incêndio perto das zebras...

DOIS

A vingança e o perdão

"A vingança é um sinal da inferioridade dos homens que se deixam levar por ela e dos Espíritos que também podem sugeri-la."

O Evangelho Segundo o Espiritismo, cap. 12, item 9

"Sem dúvida, não se pode ter pelos inimigos um amor terno e apaixonado; não foi o que Jesus quis dizer. Amar aos inimigos é perdoar e pagar o mal com o bem. Agindo assim nos tornamos superiores a eles; pela vingança nos colocamos abaixo deles."

O Livro dos Espíritos, questão nº 887

À boca pequena se diz que a vingança é um prato que se come frio.

É certo!

O ilusório sabor proporcionado pelo revide de um mal sofrido permanecerá na alma do vingador por pouco ou muito tempo. Contudo, cedo ou tarde, o gosto amargo resultante desse mau ato se instalará de forma inexorável na sua vida, obrigando-o a promover correção de tal acidez na consciência.

Se o vingador pudesse vislumbrar as conseqüências do seu ato de vindita, com toda certeza pensaria várias vezes e, aí, até por uma questão de bom senso, jamais se vingaria.

Vingar-se é acrescentar elos na corrente de dor que se alonga no futuro, aprisionando o vingador à vítima.

Toda vez que uma desforra é perpetrada, ela incorpora ao processo nova carga de dor e culpa – no atingido e no que atingiu.

Toda vez que um fato passa a se repetir, num movimento pendular, com ação semelhante num e noutro extremo do curso do arco, cujo ponteiro vai e vem, vem e vai, a partir de um acontecimento que o gerou, aí teremos a chamada "solução de continuidade".

É dentro dessa característica que um crime, seguido da correspondente vingança, enseja que o criminoso ora atingido volte a atacar; aí, o que novamente foi agredido volta a agredir. Isso acontecendo, configura-se a solução de continuidade, cujo infalível desfecho será a malversação do tempo pelo desperdício da(s) existência(s).

Também diz o povo, com sabedoria, que os maiores vínculos possíveis entre as criaturas são o amor e o ódio.

Aos espíritas, em particular, os ensinamentos dos espíritos bondosos lhes abrem as cortinas do tempo no grande espetáculo da vida, deixando-os realizar uma introspecção de volta ao passado, com isso tanto justificando o presente, quanto laborando projetos para o futuro.

O ódio é um sentimento que ainda encontra abrigo na maioria dos corações humanos, mas que um dia deles desaparecerá por completo, já que ele – o ódio – nada mais é do que o amor desvairado, na equação moral na qual o sinal está trocado...

A vingança, seja em que grau for, denota desconhecimento da justiça divina, a única capaz de verdadeiramente repor o equilíbrio das almas em conflito, porque age com base na oferta de meios para reconstrução, sob império do perdão, nunca do desamor.

Não se poderá também deixar de se vingar sob a condição de que "Deus há de dar a esse que me prejudicou o que ele bem merece". Essa postura é semelhante a um hipotético contrato mental passado no cartório da consciência do ofendido, de forma unilateral, no qual ele transfere a realização da vingança para Deus.

A onipresença do Criador, em todo o universo, deveria ser razão suficiente para que ninguém se atribuísse o direito de ser "juiz-justiceiro", isto é, de promulgar sentenças e de as realizar, ou então de as fazer cumprir.

Nesse quadro, o perdão surge no horizonte qual Sol a iluminar o mundo íntimo, trazendo bem-estar a quem o praticou, situando-o em sintonia com Deus.

Não será preciso ir buscar na História o exemplo dos grandes vultos que deixaram indeléveis exemplos de perdão. Na própria existência, cada um de nós há de se recordar de como se sentiu nesse ou naquele lance em que perdoou.

Benéfico também será estabelecer um paralelo de se lembrar dos malefícios que nos causaram uma idéia fixa, vivenciada às vezes por longos períodos, contra alguém que um dia tenha nos infligido danos.

Perdoar, quando aquele que perdoa desconhece as glórias do exercício do amor, não deixa de ser, no mínimo, um ato inteligente, visando a interrupção da solução de continuidade que se ergue entre as partes, alternando-se nos dois planos da vida: no material e no espiritual.

Jamais alguém afirmou que perdoar é fácil, até porque, seguramente, é um dos maiores atributos da evolução moral.

Mas, também, ninguém poderá negar a bênção do entendimento que visita a alma daquele que foi vítima de um mal dizendo-lhe que não há sofrimento em endereço errado, posto que Deus não o permitiria.

Aí, o perdão funciona qual poderosa turbina que, de forma invisível, capta o oxigênio do ar que, misturado ao combustível, tira do chão e ergue às alturas toneladas e toneladas de uma aeronave de um só piloto: o espírito daquele que perdoou com esquecimento pleno das ofensas!

Perdoar, em boa análise, significa que uma ação negativa encontrou ponto final de absorção dos seus efeitos, isto é, não haverá demanda de reação e que duas realidades opostas – débito e crédito – passaram a imperar, aquela no ofensor e esta, no ofendido. Nesse ponto, um e outro mudam de patamar vivencial, e nada objeta considerar que, em breve, com maior ou menor dificuldade, ambos estarão galgando os degraus da evolução espiritual.

Há outro aspecto prático no perdão que não deve ser esquecido: do início ao fim do processo de danos e reparos ficou exposta, de forma inequívoca, a alma de um e outro nele envolvida. Assim, conhecendo-se bem e aceitando-se tais quais são, tempo virá em que se abrirão as portas para uma amizade com rota à eternidade.

Não necessariamente na noite seguinte, mas sim algumas noites após o primeiro e insólito encontro de Leônidas com os demais componentes do grupo 179, eles voltaram a se reunir no "Pavilhão das justas causas".

Dessa vez não foram pelo "vento da noite" e nenhum deles conseguiu explicar ou entender como é que novamente estavam reunidos à porta flamejante que tanto os assustara à primeira vista, mas que agora já quase lhes era familiar.

Foram recepcionados por um pretor:

– Não nos demoremos. Justus não aprecia perda de tempo.

Quase que automaticamente, como se fossem gado sendo tangido, entraram, cabisbaixos, fragilizados e intranqüilos ante a lugubricidade e a pouca claridade daquelas bandas, proveniente das chamas bruxuleantes que ardiam sem queimar, sem fumaça e sem calor.

De fato, tudo por ali infundia temor pelo desconhecido.

De pé, em postura rija e autoritária, disse Justus:

– Vejo que não há desertores entre vocês. Esse é um bom sinal, pois a força advém da união.

Rigorosamente certo o conceito.

Indelevelmente infeliz, o contexto.

Num lance de impulsão hipnótica, que causou calafrios em todos, Justus foi de um em um, parando por alguns momentos e erguendo a destra, que logo pousava na fronte de cada um deles.

Leônidas, ao ser banhado pelo efeito hipnotizante, sentiu leve tontura, seguida de um alheamento de tudo à sua volta. Estava assim nessa perda parcial de consciência quando ouviu uma ordem incisiva, que partiu de Justus:

– Atenção, todos vocês: determino que cada um conte, sem detalhar, o motivo que o trouxe até aqui, justificando assim a pretendida vingança.

Os oito "requerentes" citaram seus motivos, os quais, analisados por Justus, foram colocados para a devida *reparação* (eufemismo de vingança) em ordem de precedência, segundo o que considerou "maior ou menor ofensa".

A seguir, Justus estabeleceu os números, distribuindo-os de um a oito, assim classificados:

1. injúria conjugal e perda de emprego;
2. irresponsabilidade em assumir paternidade;
3. injusta agressão física, mediante cilada sexual;
4. roubo de sócio;
5. ofensa patronal a empregado, humilhando-o perante seus colegas;
6. falso testemunho em processo policial, ocasionando perda financeira;
7. aproveitamento de situação difícil para comprar imóvel por um terço do valor real;
8. roubo comum (em assalto à mão armada).

Todas essas questiúnculas, que se mostram mesquinhas e de fácil solução por simples acordo entre as partes ou, conforme o caso, por simples esquecimento, bem expunham o quanto o ser humano ainda tem de orgulho e apego aos bens terrenos.

Justus determinou que cada um dos "requerentes" fosse a um cubículo e fizesse forte concentração no seu desejo de vingança. Para espanto deles, para cada um surgiu uma tocha que crepitava mais à medida que mentalizavam desforra.

Tochas acesas, Justus comandou:

– Requerente número 179/1: diga-nos, agora sem omissão de emoção alguma que tenha vivenciado, qual a sua busca.

Mateus, o "179/1", era um homem de mais ou menos quarenta anos.

Em tom gaguejante, posto que sob forte transe hipnótico, desandou a falar:

– Tinha um bom emprego, com boa remuneração. Chefiava muitas pessoas, com energia e justiça. Já contava com quinze anos na empresa de fabricação de esquadrias de alumínio quando ela foi vendida e os novos proprietários promoveram grande dispensa de funcionários. Meu emprego estava garantido, pois eu era indispensável ao bom funcionamento das atividades de exportação.

Tomou um fôlego, olhou para o teto, suspirou fundo e prosseguiu:

– Os novos patrões, uma semana após assumirem o comando da empresa, convocaram-me, a portas fechadas, determinando que enxugasse em vinte por cento a minha equipe de quarenta operários, isto é, oito deles deveriam ser demitidos. Todas as tentativas que então promovi no sentido de que isso não acontecesse só me trouxeram riscos de eu próprio ser demitido... Os novos donos mostraram-se inflexíveis às minhas justificativas e mesmo aos meus rogos para que não fizessem aquilo. Por uma semana consegui impedir qualquer dispensa, porém, quando nos demais departamentos elas até já haviam ocorrido, na terrível porcentagem, recebi um ultimato: em vinte e quatro horas, meu departamento só poderia contar com trinta e dois funcionários...

Nova pausa, de grande angústia para o narrador, que logo seguiu:

– Não tive escolha: para cumprir a ordem cruel, meditei bastante sobre a situação familiar de cada um dos meus subordinados e não foi sem grande dor que no dia seguinte os reuni e anunciei o nome dos que seriam dispensados. Devo dizer que todos precisavam muito daquele emprego, pois na atual fase trabalhista a demissão é uma das piores situações, equivale a uma condenação... Assim, dentre os oito que relacionei e informei à seção de recursos humanos, seis eram solteiros.

Interrompeu a dolorida narrativa, olhou para Justus, para os outros que o ouviam e mudando instantaneamente a fisionomia, que agora denunciava ódio, disse em voz soturna, como se os maxilares estivessem colados:

– Sabem o que ganhei com tantos cuidados e reflexões, que objetivaram, de minha parte, não promover o mínimo de dificuldades para os que perdessem o emprego? Sabem o que ganhei?!

Justus, captando que a seguir o "179/1" relataria o desfecho de tudo aquilo, certamente que trouxera graves problemas para ele, determinou, com grande senso de oportunidade para que o clima de revolta imperasse:

– Diga com bastante veracidade o que aconteceu!

– Dos oito dispensados, sete acataram o fato, não sem grande desconforto... mas Amílcar, um dos dois casados, inconformado com "minha escolha" gritou que aquilo era uma desforra minha pelo fato de ele ser mais competente que eu... Aí, na frente de todos os colegas lançou impropérios sobre minha pessoa, levantou infundadas dúvidas sobre a minha honestidade e, pior de tudo, sobre minha moral...

"Fervia" o cérebro de Mateus. Justus não perdeu o momento:

– Sobre a moral... você era inocente ou culpado das acusações?

Sem pestanejar ouviu:

– Culpado? Como poderia sê-lo, se o infeliz levantou dúvidas sobre a fidelidade da minha esposa?!

Sentindo que não tinha mais volta no desabafo, como que sentindo convulsões e tremedeira concluiu:

– Parti para uma resposta à altura: agredi-o com violência, para não deixar meu nome e a minha moral em suspeita. Sendo mais forte que ele, pude bater o quanto quis... O problema é que fui denunciado como agressor e desnecessário é aduzir que perdi também o meu emprego, pois tudo aquilo aconteceu no interior da empresa e com tantas testemunhas... Desde então, venho encontrando dificuldades para conseguir novo emprego, pois o motivo da minha dispensa correu de boca em boca, espalhando-se como chama num paiol de milho e todas as tentativas que fiz para me empregar fracassaram. É óbvio que de todos os problemas que estou vivendo, o maior deles é que primeiramente tenho de achar um meio de acertar contas com aquele que me causou tudo isso. Como a ocorrência está devidamente registrada na polícia, qualquer atitude que eu tome bem depressa me colocará na condição de suspeito número um, não havendo suspeito número dois...

Com ódio extravasando pelo olhar, completou:

– Fui despedido e minha vaga... ele ficou com minha vaga!

Quando Mateus terminou o relato, Justus se aproximou e pousando a mão sobre a cabeça dele disse em voz aveludada:

– Fique tranqüilo, volte à calma! Fique tranqüilo, tenha confiança em nós! Fique tranqüilo...

No mesmo instante o narrador se aquietou, ante a poderosa ordem hipnótica.

Disse Justus:

– Muito bem: este é o primeiro caso deste grupo. Assim sendo, vamos enumerar para vocês as providências iniciais, subordinadas todas à minha vontade. O que eu determinar, isso mesmo, terá de ser fielmente observado.

Já com essa ditatorial entrada, Justus deixava à mostra o que estava por vir, isto é, ali ninguém, fora ele, tinha autoridade alguma. E ele questionou:

– Pela última vez: se aqui há alguém que queira nos deixar, que o faça agora. Depois que eu deflagrar o processo e até que todos tenham tido a oportunidade de conseguir ou não o que vieram buscar, não permitirei nenhuma deserção. Para que vocês fiquem bem cientes e não me venham depois dizer que não estavam informados, cumpre destacar que uma vez declarados cumpridores das minhas ordens, quem as descumprir ou desobedecer receberá enérgica corrigenda.

Ninguém se manifestou. E tal silêncio, como de resto quase todos os silêncios do mundo, ali funcionou como concordância, isto é, aceitação.

– Ótimo – exclamou Justus –, lecionando: como primeiro passo, vamos analisar as características deste caso; aliás, não se esqueçam de, sempre, antes de qualquer medida que tenham de tomar na vida, considerar todos os fatos que compõem uma ocorrência. Aqui, podemos verificar:

1º – o processo fica bastante facilitado, pois o requerente sabe quem, onde, quando e o porquê do problema que o atingiu: o colega de trabalho, seu subordinado profissional, na empresa, quando anunciou as demissões e por ter o agressor se julgado injustiçado, pelo que proferiu ofensas morais;

2º – iremos sondar a mente da esposa do "179/1" para verificar a veracidade ou não da proclamada infidelidade conjugal;

3º – de posse dessas informações, se for o caso, não nos será difícil ir até o agressor e aplicar-lhe as conseqüências da sua atitude infeliz.

Mateus gaguejou:

– Não permito que ninguém se aproxime da minha mulher!

Justus, numa demonstração do poderio hipnótico que possuía, outra vez pousou a mão sobre a cabeça de Mateus e ordenou, em voz cavernosa:

– Submeta-se às minhas ordens! Obedeça!

– Sim, senhor... sim, senhor...

O ditador então ordenou que todos se dessem as mãos e formassem um círculo, no centro do qual se posicionou. A seguir, determinou que todos fechassem os olhos e não os abrissem, a menos que ele autorizasse.

A impressão geral dos participantes daquele grupo é que, repentinamente, de forma inexplicável, foram alcançados por um minitufão, se é que tufões podem ser dimensionados... Mas a impressão era essa. Rodopiando pelos ares, incapazes de ação alguma, foram ficando zonzos, a ponto de quase desmaiarem. Sem saberem se tinha se passado um minuto ou uma hora, ouviram de Justus:

– Destino alcançado! Retomem a consciência.

De forma incrível, viram-se todos do lado de fora de uma casa modesta, sentindo que era alta madrugada...

Justus encaminhou-se para a entrada da casa e determinou ao grupo que permanecesse ali, sem arredar pé, no que foi obedecido. Tentou adentrar na casa, mas algo o repeliu. Não se deu por vencido. Determinou a Mateus que pensasse firmemente na esposa. E ele próprio, mesmo do lado de fora, passou a chamar a esposa de Mateus. Não demorou muito e logo todos viram, "do nada", chegar uma mulher. Era Maristela, a esposa de Mateus, atraída para ali, em razão de haver sintonizado o pensamento do marido.

Justus, sempre soberbo, creditou o fato à sua competência, pois havia citado várias vezes que o marido estava em perigo. Mas foi o pensamento de Mateus que fez com que o perispírito dela, que estava distante, regressasse, não ao corpo físico e sim para perto dele. Maristela, ao ver o grupo e junto dele o marido, exclamou:

– Por Deus! O que você faz aqui com essa gente toda?

A expressão "por Deus" teve um efeito inesperado e ao mesmo tempo devastador nos planos de Justus, que cambaleou e caiu como se tivesse sido atingido por poderoso golpe na cabeça. Tentou, mas não conseguiu se levantar.

Logo Maristela deu-se conta de grave perigo. Orou:

– Jesus, Mestre amado, ajude-nos neste momento!

No mesmo instante perpassou por breve momento naquele sítio e sobre a cabeça de todos um clarão azulíneo, qual se fosse um minúsculo feixe luminoso, que logo desapareceu. Mas que foi o suficiente para alterar aquele clima mental coletivo.

O incidente fez com que o poder hipnótico cessasse em todos do grupo.

Foi então que, assustados, também não entendiam o que faziam ali, naquele local ermo e à noite.

Apenas Mateus, momentaneamente liberto da hipnotização, como que caindo em si de tudo o que se passava, identificou o local – sua casa – e correu a abraçar a esposa, exclamando:

– Perdoe-me, perdoe-me! Eu sou o culpado de tudo!

Abraçados, entraram na casa, que afinal de contas era deles.

Acordaram sobressaltados, sem saber explicar exatamente o que acontecera...

– Parece que tivemos um pesadelo, ao mesmo tempo – disse Maristela.

– Graças a Deus acordamos – respondeu Mateus.

Sem que soubessem explicar, uma forte indução levou-os a ir até a frente da casa e olhar para o céu.

A serenidade da madrugada, com suave brisa trazendo o perfume da dama-da-noite, deu-lhes uma inigualável sensação de conforto e paz.

No alto, a concha celeste da noite, com seu fundo escuro, estava pontilhada de pérolas a luzir, cada estrela despejando paz sobre a Terra.

Abraçados, Mateus e Maristela julgavam-se sozinhos, sem testemunhas... Na verdade, junto deles estava um espírito, na figura de uma belíssima jovem, de radiante luz, que não era sequer vislumbrado, nem pelo casal, nem pelo grupo "179", nem pelo próprio Justus. Tratava-se de um espírito guardião daquela família e que ali comparecera, mediante a prece instantânea e sem palavras de Maristela.

Do lado de fora, os demais "requerentes", vendo Justus tombado, recompondo-se, deram-se conta de que participavam *não sei do quê*, que estavam *não sei onde*, fazendo *algo que não sabiam se era bom ou ruim* mas que não era para nenhum deles e, aliás, todos, desconhecidos entre si.

De forma coletiva, desejaram sair dali.

Apenas o desejaram e conseguiram: foi nesse estado de confusão mental que a bênção do despertar, com a velocidade do relâmpago os fez retomar a vigília (reintegrando o perispírito ao corpo físico), dando-se conta, cada um, em distantes e diferentes endereços, de que acabavam de ter e até mesmo de vivenciar um sonho mau, muito mau...

Quanto a Justus, logo conseguiu se erguer. Não era a primeira vez que passava por aquela experiência, para ele humilhante, pois deixava à tona que nem sempre era o dono da situação...

Nem precisava olhar para saber que a casa estaria envolvida por um filete de luz, de alta energia, repelente a ele. Deduziu que ali nada valia seu poder.

Mesmo sabendo disso, dirigiu o olhar para a casa, com despeito.

De fato, ali havia defesa mais semelhante a uma cerca de alta tensão rodeando toda a construção, e quem se aproximasse seria rechaçado, a menos que estivesse em orações e com foco mental no Evangelho...

Olhou o casal que contemplava o céu e não conseguiu impedir que um vago sentimento de angústia visitasse seu coração, fazendo-o viajar no tempo e recordar um deslembrado momento de felicidade, junto de uma bela mulher.

Nesse devaneio, por uma fração de milésimo de segundo, divisou perto do casal uma jovem, como que "iluminada" por dentro, que cruzou com ele um gentil olhar. Fixou a vista e não viu mais ninguém, pois o casal já tinha adentrado e ali fora só se ouvia o cricrilar dos grilos.

O espírito protetor do lar foi quem o olhou, compadecido.

"Estou imaginando coisas, ou tendo visões", pensou.

Retornou ao "Pavilhão das justas causas" sem a menor intenção de alterarnem seus planos, nem sua conduta, menos ainda deixar a vida que levava.

Por incrível que possa parecer, no seu julgamento obtivera vitória...

Imediatamente, convocou os dois pretores e deu-lhes ordem para se dirigirem à residência do "179/1", onde deveriam permanecer de plantão até a noite seguinte, aguardando que a casa estivesse sem "aquela guarda".

A ordem era taxativa: durante o dia, deveriam martelar no ouvido de Mateus a ordem de retornar ao "Pavilhão das justas causas". No mínimo, de hora em hora. E à noite, quando ele adormecesse, nem que fosse à força, que o trouxessem.

E assim foi feito.

Quando os pretores trouxeram o "179/1", que viera relutantemente e contra a vontade, tendo mesmo sido forçado a isso, Justus foi logo impondo a destra na fronte dele, fazendo-o entrar em apatia na mesma hora, já não comandando nem mesmo os pensamentos.

Aguardando, os demais componentes do grupo "179" lá já estavam...

– Pois é – confirmou Justus – a mulher do "179/1" não merecia a injúria que contra ela foi levantada pelo subordinado ao ser demitido pelo marido dela, seu chefe. Pela minha experiência e pelo que vocês presenciaram, ficou expresso que o nosso amigo aqui tem justificadas razões para se vingar. (O "nosso amigo aqui" era o Mateus).

E desferiu a sentença, qual juiz plenipotenciário:

– A requisição está aprovada, por "justa causa".

Como os componentes do grupo se olhassem, desentendendo o que aquilo significava, um dos pretores apressou-se a explicar:

– Todos nós iremos participar da vingança desejada. Justus, na hora certa, dará as instruções, de como, quando, onde e quanto...

Nesse momento, Justus determinou:

– Que fale agora a requerente "179/2"!

Tratava-se de uma jovem, Daniela. Em pranto, que irrompeu de jato, contou:

– Confiei nas promessas de Diógenes, o meu namorado, e a ele me entreguei. Vivemos semanas de plena felicidade, entre juras de amor, cada vez mais ardentes...

Transfigurando a expressão de dor para ódio, continuou:

– Sabem o que aconteceu? Sabem? Pois é: fiquei grávida...

Dizendo isso, parecia que estava contando uma grande novidade...

Prosseguiu:

– Essa gravidez é indesejada. Meu namorado, quando eu contei, mostrou-se covarde, abandonando-me. Não tive opção: contei para meus pais, que procuraram Diógenes no local de trabalho dele e obrigaram-no a assumir a responsabilidade do que fizera. Aí, ele inventou uma falsa história, de que seus pais tinham uma doença degenerativa, que ele herdara... Demonstrando ser muito "bonzinho", aconselhou que a gravidez fosse interrompida, pois o bebê certamente nasceria também com aquela doença.

Mudando novamente as feições, a jovem lamentou:

– Diante dessa notícia, que sequer buscaram comprovar, meus pais passaram a me recriminar duplamente. Para mim, tornou-se insuportável o clima familiar. Não tive escolha: abandonei minha casa. Fui até a casa do meu namorado e pedi-lhe que arranjasse um lugar para mim. Quem sabe, ali, na casa dele? Diógenes debochou do meu pedido e quase me escorraçou. Busquei abrigo com uma ex-colega de escola, que permitiu que eu ficasse num quarto dos fundos da casa dela, mas por pouco tempo...

Seus olhos brilharam quando declarou, elevando o tom de voz:

– Não foram poucas as sugestões para que eu realizasse aborto. Mas, minha idéia é de que quem faz isso é um assassino! Jamais eu faria uma coisa dessas. Meu filho nascerá sadio, pois sinto que o pai dele mentiu ao dizer que tinha uma doença genética, porque quando eu o procurei, se isso fosse verdade, não precisaria ter sido tão agressivo e mal-educado, expulsando-me de perto dele. Aliás, mesmo que o bebê nascesse com isso, quem sabe se até que ele crescesse, como o pai, a medicina já não teria conseguido cura para a tal doença?

Olhou para todos e como que buscando homologação para o seu desejo de vingança, confirmou:

– Em quatro meses nascerá meu filho. Não me conformo com o abandono daquele que jurou me amar e apenas se aproveitou da minha entrega, feita por pleno amor.

Concluindo, perguntou a todos:

– O que vocês acham? Não tenho razão de me vingar do covarde?

Justus, como que ofendido, nem deu tempo de alguém se pronunciar e disse em tom ríspido:

– Ninguém aqui tem o direito de emitir juízo sobre coisa alguma. Para isso, apenas eu estou devidamente preparado. Exijo obediência irrestrita às minhas decisões, ou então, quem não quiser se submeter, retire-se imediatamente.

Todos ficaram mudos, imóveis.

– Muito bem – exclamou Justus, vitoriosamente, logo ordenando a todo o grupo: – Vamos agora mesmo em busca desse que abandonou a sua colega.

Repetindo aqueles mesmos procedimentos, quando da vez do "179/1", conjeturou em voz alta, para que todos se integrassem no "processo":

– Este é outro "processo" que não nos trará dificuldades, pois sabemos quem é o réu, e a vítima, já, já, nos levará até ele; teremos de confirmar as informações narradas e para isso precisaremos de nos aproximar também dos pais do réu. Não há necessidade de maiores esclarecimentos e só depois de um primeiro contato é que verificaremos se a queixa procede, para, então, eu decidir o que fazer.

Sempre demonstrando seu poder de indução mental, Justus dirigiu o dedo indicador para a testa da jovem e em voz soturna determinou:

– Submeta-se às minhas ordens! Obedeça!

– Sim, senhor... sim, senhor...

– Leve-nos à casa do seu namorado!

Com as mãos dadas formaram um círculo. No meio, Justus, que lhes comandou:

– Fechem os olhos e só abram quando chegarmos ao destino!

O grupo todo, pela segunda vez, foi tomado da terrível impressão de se achar no meio de um tornado, rodopiando, rodopiando...

Isso, de alguma forma, os entontecia.

Alguns, de forma inconsciente, abriram os olhos, mas nada conseguiram ver.

Dimensionar o tempo não era possível. Pensar, menos ainda.

Só conseguiram articular algum raciocínio quando ouviram a voz de Justus:

– Chegamos! Voltem a si e observem as providências que tomaremos.

O "tomaremos" incluía, necessariamente, todos, ou pelo menos alguns...

Indicando a jovem grávida e mais dois componentes do grupo, disse-lhes:

– Venham comigo. Vamos entrar! Lá dentro, quero que examinem tudo e observem se alguma coisa do que ouviram pode ser confirmada.

Dito isso, dirigiu-se à porta de entrada da casa, que transpôs sem dificuldade.

Os três que o seguiam ficaram boquiabertos com aquilo que acabavam de ver: uma pessoa atravessar uma porta, sem abri-la!

Percebendo a indecisão do trio, Justus retornou de dentro da casa e dirigindo-se não apenas para os três, mas para todos, exaltou-se:

– Disse-lhes que no tempo certo os ensinaria várias coisas e essa é uma delas... Tenham consciência e acreditem com absoluta segurança de que estão numa dimensão diferente e que sob meu comando, minha proteção, não há obstáculos materiais para seu deslocamento. Se duvidarem ou desobedecerem às minhas determinações, não conseguirão fazer o que acabei de demonstrar.

O grupo estava surpreso e incrédulo. Justus, então, para comprovar o que dizia, tomou a mão da jovem, a "179/2", dirigindo-se com ela à porta, que transpuseram, sem a menor dificuldade. Deixando-a no interior da casa, voltou e determinou aos outros dois:

– Agora venham e não duvidem!

Sendo obedecido, logo o trio dos encarnados viu-se dentro da residência.

Os que ficaram do lado de fora não estavam menos espantados com aquela incrível demonstração de poder, que atribuíam a Justus.

Na casa, de três quartos, um casal dormia placidamente.

No segundo quarto, duas crianças também estavam em sono tranqüilo.

No terceiro... ali estava Diógenes, o namorado da jovem.

Dormia também, sem demonstrar quaisquer problemas.

Justus então, numa atitude espantosa, tomou a mão da jovem e segurando-a com firmeza, colocou a destra sobre a fronte de Diógenes, fazendo assim uma fantástica associação da dupla invasora com o espírito dele, que estava a enorme distância dali...

Tanto Justus quanto a jovem sentiram-se quase que catapultados para um grande salão de jogos de azar, onde reinava balbúrdia completa...

Os jogadores, encarnados, mantinham postura educada, expressões de ansiedade e angústia, mas, no meio deles, número muito maior de desencarnados... Estes, colados àqueles, em manifesta participação com a jogatina, induzia-os a realizar apostas mais altas, sempre mais altas.

O mais impressionante da cena é que os encarnados obedeciam às ordens que lhes chegavam do além!

No meio daquela estranha multidão de viciados, em que a simbiose do plano material com o espiritual era patente, lá estava um rapaz exaltado, que aos gritos comandava uma senhora de idade a jogar mais e mais.

Numa ação tão reflexa quanto desnecessária, Daniela apontou:

– É ele!

Não foi necessário dizer mais nada, eis que ficava demonstrado que o conhecia e bem. Por isso, Justus imediatamente foi para perto do rapaz e, sem que ele pudesse fazer coisa alguma, murmurou-lhe ao ouvido:

– Venha comigo... venha comigo... venha comigo...

O rapaz ainda quis resistir:

– Quem... quem é você?

Nisso, viu a ex-namorada. Espantado, algo temeroso, inquiriu:

– Daniela: o que faz aqui?!

A jovem não se conteve e foi categórica:

– Vim me vingar de você!

O rapaz quis se afastar, mas uma estranha força o prendia ao chão. Entrando em desespero, começou a gritar:

– Socorro! Socorro! Querem me levar para o inferno...

Vozes tumultuadas dos demais espíritos encarnados, ali presentes pelo desdobramento do sono, bem como os desencarnados, todos jogadores inveterados, não aceitaram aquele imperdoável "desrespeito":

– Fora daqui, já! Saia! Saia!

Justus, com o apoio fluídico de tantos expulsores, não teve a menor dificuldade em trasladar o rapaz para a sua residência, onde o manteve na entrada, expondo-o ao grupo que ali se mantinha aguardando ordens:

– Aqui está o "artista".

E com ar de superioridade, insuportável em qualquer circunstância, partiu para uma demonstração prática do seu poder. Determinou que fosse realizado um círculo, no meio do qual se postou com a "179/2" e o rapaz, que não conseguia se livrar de suas ordens, acompanhando-o em tudo que ele determinava.

Foi então que os "requerentes" puderam aquilatar com quem tinham se acumpliciado: Justus, impondo a mão sobre a cabeça do rapaz, determinou em som cadenciado e com voz cavernosa:

– Diga para todos ouvirem se você tem alguma doença contagiosa!

O rapaz, com os olhos vidrados, como se tivesse sido transformado em zumbi, respondeu com grande apatia:

– Não! Não tenho nenhuma doença contagiosa.

– Então, por que disse isso a esta jovem?

– Porque... fiquei com medo de enfrentar a responsabilidade.

– O que você sente por ela?

– Eu... tenho sofrido muito, pensando nela...

– Perguntei o que você sente por ela!

– Estou disposto a...

– Pela última vez eu ordeno: responda à minha pergunta, dizendo para todos, o que você sente por ela?

– Eu a amo!

♗

De surpresa em surpresa, aqueles infelizes espíritos, ávidos de vingança, iam aprendendo que existem forças desconhecidas a regular a vida de todos, estejam no plano material ou, principalmente, no espiritual.

O que se seguiu foi, para todos os presentes naquela lúgubre reunião, uma dessas inolvidáveis lições do poder do amor, que se expressa em qualquer circunstância, seja de enlevo seja mesmo de tortura mental, como aquela que vivenciavam.

Tão logo Diógenes pronunciou as três palavras mágicas que traduziam o que sentia pela jovem – amor –, pareceu que uma bomba explodira bem no meio deles, ainda que sem ruído e sem clarões. Todos do grupo "179" não puderam impedir e menos ainda resistir a um inesperado e violento deslocamento de ar que os arremessou, instantaneamente, de volta ao "Pavilhão das justas causas".

Chegaram zonzos, como se de fato tivessem estado bem no epicentro de uma explosão. Inclusive Justus e os dois pretores.Todos, menos Daniela...

Demonstrando que ali era seu infeliz "reino", Justus logo reassumiu a postura de ditador e anunciou:

– Esses pequenos obstáculos não irão impedir nossos propósitos. Tenham bem em mente que, quando se luta por uma "justa causa", é natural que alguns obstáculos sejam colocados no caminho.

E logo vociferou, como se estivesse desafiando os céus:

– Ninguém! Ninguém impedirá que a justiça se cumpra!

É impressionante como as mentes doentias conseguem dizer verdades que nos planos da natureza são grandiosas, mas que, nos planos desses espíritos, não passam de um enorme desvio da razão.

Justus era um espírito que galgara altos degraus na escada da cultura e do domínio de forças magnéticas. Nesse elevado patamar, optara por utilizar essas magníficas ferramentas em processos nos quais ele era juiz supremo.

Conhecendo bem o processo pelo qual toda pessoa fica com a mente fragilizada quando se fixa em pensamentos negativos, decidiu por exercer sobre elas sua desenvolvida capacidade de aplicar hipnose.

Elegeu como matéria-prima de sua enganosa prática a vingança, já que pudera contabilizar que, de dez pessoas com idéia fixa, nove têm por objetivo desforrar-se de danos sofridos, danos esses considerados injustos...

Para ele, era muito fácil identificar esses "clientes".

De longa data, tendo permanecido nos horrores das trevas, onde foi supliciado, amargou longos tempos de grande sofrimento, inclusive como escravo. Curtido pela dor, ao invés de trilhar o caminho de uma reforma íntima, de braços dados com o perdão, mergulhou em infinitas crises de desforra, intermediadas por duas reencarnações, destinadas a refazimento, mas que foram usadas como maior endividamento.

Sua poderosa mente lhe descortinara a possibilidade do emprego de forças espirituais, dentre as quais o grande poder de atração proporcionado pela sintonia fluídica – poder esse que tanto pode ser aplicado para o bem, quanto para o mal.[7].

Tendo se dedicado a exercitar esse conhecimento, primeiro em causa própria, depois para atender a um espírito que o ajudara nessa equivocada tarefa, deu-se conta da existência de um incontável número de pessoas que também queriam aquilo mesmo, isto é, tinham, também, projetos de vingança.

No início, andou daqui para ali, procurando "interessados"...

Identificava-os com grande facilidade: "via-lhes as imagens mentais".

Logo passou a ser procurado por incontável número de "injustiçados".

Não tardou a erigir, na região das sombras, um grande império de ajustes, do qual seria o senhor absoluto. Nomeou-o "Pavilhão das justas causas".

Toda vez que ajudava alguém a "realizar justiça", isso lhe ofertava, sobretudo um grande prazer pelo reconhecimento de sua grande força.

Não é à toa que nos advertem todos os instrutores espirituais dos perigosos atalhos a que nos conduz a vaidade...

7 – Veja como se processa esse mecanismo de atração em *O Livro dos Médiuns*, cap. 14, questão 176, item 3, São Paulo, Petit Editora. (N.M.)

É com grande senso de lógica, oportunidade e principalmente sabedoria que a Doutrina dos espíritos nos leciona sobre como os espíritos desencarnados têm grande facilidade em reconhecer o que vai pela mente de um encarnado: é que o pensamento tem o poder supremo de criar imagens, como se reais fossem, daquilo sobre o que se fixa; dessa forma, tais criações se acoplam ao perispírito, seja do encarnado ou do desencarnado, pondo à mostra seus desejos ocultos, acalentados pelo espírito[8].

Enquanto durou a reunião no "Pavilhão das justas causas", Diógenes, que acordara abruptamente, não conseguira mais relaxar, permanecendo acordado e cismarento.

Aliás, no momento em que o grupo de indesejáveis visitantes foi automaticamente devolvido às sombrias regiões de onde procedera, o rapaz despertou molhado de suor, um suor oleoso, a causar-lhe forte tremor, que não conseguia explicar, já que a madrugada ia em frio.

E mais: latejava-lhe a fronte, bem como descompassado batia o coração.

Reconhecendo onde estava, sentiu enorme sensação de alívio, pois ainda trazia resquícios na memória de uma sensação real, a de que estivera prestes a ser condenado à morte... Lembrou-se vagamente de um sonho, em que muitas pessoas enterravam dinheiro na lama... Ele era um dos que estavam lá, mas não tinha dinheiro, por isso induzia quem tivesse a jogar mais e

8 – Para os leitores que se interessarem, nos itens 13 a 15 do cap. 16 de *A Gênese*, de Allan Kardec, há detalhamento dessa fenomenologia que, como tantas outras características das Leis Divinas, pelo livre-arbítrio, tanto poderemos empregar para fazer o bem, quanto de maneira equivocada. (N.M.)

mais valores no chão, que mais parecia lodo, exalando horrível odor... Nesse momento, uma quadrilha de assaltantes chega e apenas a ele seqüestra... Daniela, inexplicavelmente, está com essa quadrilha e olha para ele com rancor... Nisso, um trovão ao longe o acordou...

Ao lembrar-se de Daniela, que um dia se entregara a ele, confiante no seu amor, recordou, com alguma angústia, quase saudade, dos irresponsáveis momentos de prazer que vivenciara com ela, ambos sob comando de desejos físicos não controlados pela razão, ou melhor, pela consciência.

Viu-se perguntando intimamente: "Por que estou lembrando dela, justamente agora, depois deste sonho horrível?" Não conseguiu responder, apenas foi invadido, na tela mental, por uma angustiosa lembrança, a de que talvez dentro de três ou quatro meses seria pai. Angustiosa, porque não sabia se Daniela tinha seguido seu conselho de abortar...

Custou-lhe adormecer e só o conseguiu quando o dia já dava sinais de que a noite cederia lugar ao Sol. Nem bem reiniciou o tardio descanso, o despertador trouxe-o de volta à vigília, que a custo enfrentou, tamanha sua indisposição física e mental. Seu primeiro pensamento foi num milésimo de segundo a imagem de Daniela, e uma certeza invadiu sua alma: ainda a amava!

♖

Voltando ao "Pavilhão das justas causas", encontramos Justus traçando os planos e determinando quem, como e quando as providências decorrentes deveriam ser postas em prática.

Dirigiu-se aos seus comandados, os quais separou em dois grupos e determinou:

– Vocês formarão duas equipes, "a" e "b"; cada uma irá estagiar por alguns dias, ou melhor, por algumas noites, junto aos ofensores dos requerentes "179/1" e "179/2"; na equipe "a" estará o requerente "179/1" e na "b", a "179/2". Entendido?

Como todos ficassem em silêncio, deu como entendida a tarefa inicial.

Voltou a detalhar as atividades:

– Para permanecer junto a cada um dos ofensores, em período integral, vocês terão a chefia de um dos meus pretores.

Alguém perguntou, com indisfarçado temor:

– O senhor... poderia nos fazer o favor de dizer o que... esses pretores... vão fazer?

– De instante a instante, sem cessar, induzirão os ofensores a realizar coisas...

– Coisas?!

– No tempo certo todos vocês verão. Aliás, também terão de se engajar nas mesmas atividades.

– Qual seria esse "tempo certo"?

– Quando dormirem, deverão se reunir ao pretor da respectiva equipe e cumprir as ordens dele, oriundas das minhas ordens.

A seguir, deu alguma explicação sobre o que cada equipe deveria fazer:

– O requerente que está sendo atendido em sua pretensão e os demais membros da sua equipe dentro do sono comparecerão à presença do ofensor, que também estará dormindo. Lá já estará o pretor. Unindo esforços, quero que tragam um ofensor de cada vez à minha presença. Entendido?

Outra vez, ninguém se pronunciou.

Justus, então, complementou:

– Exijo que minhas ordens sejam fielmente cumpridas. Entendido?

Ante o já esperado silêncio da pequena assembléia – infeliz assembléia –, o arrogante chefe foi de um a um, impondo a mão sobre a cabeça e demorando alguns instantes, ao mesmo tempo que com os olhos desmesuradamente arregalados e sem piscar ia comandando:

– Obedeça às minhas ordens! Obedeça-me! Só assim você conquistará o prêmio que apenas eu posso conceder. Obedeça-me, sem duvidar! Obedeça-me!

♙

A chamada "imposição de mãos", aqui relatada (para esse tipo dominante da vontade do hipnotizado), não deve ser confundida com a imposição de mãos que caracteriza o passe espírita (para fluidoterapia).

No caso da hipnose artificial, de longa data, a imposição de mãos sobre a cabeça de alguém, sem movimentos e com o olhar fixo sobre esse alguém, opera uma transferência de energia mental, anulando a vontade própria daquele que a recebe; nesse caso, a vontade que nele passa a agir será a do hipnotizador.

Já no segundo caso, o do passe espírita, trata-se de uma ação caridosa, de apoio magnético (do passista encarnado) com apoio espiritual (dos espíritos bondosos) em favor de alguém em estado de necessidade, física ou espiritual, sem subjugação alguma da vontade desse paciente. No passe espírita, as mãos impostas realizam pequenos e delicados movimentos, de início operando dispersão dos fluidos negativos entrosados no paciente, sendo que, na seqüência, são substituídos por outros, benéficos, de transfusão fluídica, tanto do passista quanto do plano espiritual, como já dissemos.

♜

Leônidas, que fazia parte da equipe "a", ao receber a maligna vibração de Justus, sentiu que uma espécie de vazio tomara conta de sua mente, pois não conseguia sequer raciocinar e saber o que estava fazendo ali.

A mesma sensação sentiram os demais "requerentes".

Nesse estágio mental, a pessoa sente-se como no "estado crepuscular", assim denominado pela medicina, resultante de uma crise epiléptica, na qual o estado de vigília se manifesta por atos automáticos.

Em termos de hipnotismo, esse estado alterado é denominado de "estado sonambúlico artificial".

TRÊS
Incêndios, "no céu e na Terra"...

Justus convocou todos os do grupo "179" e posicionou-os ao seu redor, formando um círculo. Ficou no centro desse círculo e colocando uma cadeira à sua esquerda, determinou ao "179/1" que se assentasse nela.

Autoritário e soberbo, disse-lhes:

– A partir de agora a missão está deflagrada e não terá retorno!

Isso dizendo, foi de um a um e comandou:

– Veja na sua mão uma poderosa arma, da qual sai fogo... Mentalize firmemente essa arma!

Impressionante: à medida que ia passando pelos convocados, cada um deles ia vendo a arma, que parecia surgir do nada!

Em menos de trinta minutos, via-se ali um grupo fortemente armado, tendo os componentes ora uma lança, ora um bordão, ora uma arma branca, ora arma de fogo. Como de costume, imperativo, Justus ordenou:

– Podemos partir!

Mateus, o "179/1", que estava no centro do grupo, foi o único que não se armou. Dirigindo-se particularmente a ele, Justus ordenou:

– Pense com absoluta energia naquele que fez você perder o emprego e ainda por cima caluniou sua mulher!

O convocado, para novo espanto de todos os seus colegas, começou a tremer levemente e logo a lista preta começou a ficar vermelha. O que mais impressionava naquilo tudo é que a lista vermelha pulsava, apresentando-se em alto relevo!

Esclareceu-lhes Justus:

– Cada pessoa que aqui se apresentar e se dedicar a cumprir uma vingança irá passar pelo mesmo processo. Fiquem desde já sabendo que essas listas só sairão dos seus trajes quando a "justa causa" for efetivada.

Todos ficaram sabendo que a lista preta era um indicativo de que vingança seria feita e que ao se efetivar mudaria para a cor vermelha.

Desrespeitando a suavidade da noite, em que o clarão da Lua era um convite à prece, ali, nas sombras da infelicidade, tantos espíritos se preparavam para realizar a mais torpe das atividades humanas: a vingança.

Justus aproximou-se do "179/1" e perguntou:

– Onde está Amílcar, o infame?

Mateus teve agora um forte estremecimento e balbuciou, com os lábios apertados, maxilares quase unidos:

– O infame está... fora da casa dele. Vejo-o num bar...

– Pode nos mostrar onde é esse bar?

– Posso!

– Então vamos!

Partiu a lúgubre caravana, atravessando a densa atmosfera e não tardou a chegar a um pequeno boteco, onde criaturas encarnadas e desencarnadas se misturavam, formando uma inacreditável sociedade de bebedores.

Sim, os encarnados bebiam e a bebida era de péssima origem, isto é, sem o menor cuidado na fabricação, aí incluindo a higiene. Porém... tão logo essa bebida lhes chegava ao estômago, lá se misturavam com matéria líquida orgânica, produzindo um vapor etílico, invisível, que, em caminho inverso, saía-lhes pela boca e narinas. E essa emanação era avidamente sorvida pelos desencarnados, que até se digladiavam para ver quem conseguia mais dela.

Quando Justus e seu triste séqüito chegaram, de imediato foram asperamente recepcionados por outro não menos infeliz grupo de desencarnados, que, inclusive, bradou terríveis ameaças:

– Fora daqui! Nesta praia só nós pisamos! Se não se retirarem agora mesmo e correndo vamos acorrentá-los e aí terão de nos servir...

O grupo recém-chegado vacilou. Mas Justus, sem perder a empáfia, tranqüilizou seus comandados:

– Às armas! Nós é que podemos escravizá-los, se quisermos...

De surpresa em surpresa, os próprios convocados verificaram que suas armas começaram "a pegar fogo", sem queimá-los, mas produzindo faíscas que, quais dardos flamejantes, eram expelidos em direção do grupo que ali estava. Ao serem atingidos por esses dardos de fogo, os componentes do tal grupo gritavam de dor:

– Fogo! Estou queimando! Socorro!

Justus, com sarcasmo, respondia-lhes:

– Vocês não disseram que estavam na praia? Pois vão para o mar e lá apaguem o fogo.

Fato é que todos do grupo que antes dominava aquele espaço saíram em debandada.

Vendo o campo livre, Justus assumiu a posse daquele vil ambiente.

Aproximou-se de três homens que, jogando cartas,cada um com um cálice de cachaça do lado, nem sequer haviam percebido a tumultuada movimentação astral que bem junto deles havia ocorrido.

Olhou para Mateus e apenas com um gesto interrogativo inquiriu:

– Qual destes?

A resposta foi que Mateus avançou para o jogador que estava no meio do trio e de punho fechado deu-lhe um murro nas costas... O jogador, para susto dos amigos, de repente, gemeu de forma aguda:

– Ai, ai... parece que me enfiaram um espinho nas costas...

Os dois colegas de Amílcar se entreolharam e acharam muito esquisito aquilo... Sem trocar palavra, ambos ficaram desconfiados de que Amílcar tramava alguma trapaça.

Afastando o “179/1” dali, Justus determinou aos dois pretores:

– Mostrem para todos esses novatos como é que se faz...

Obediente e treinada, sabendo exatamente o que deveriam fazer, a dupla se acercou dos outros dois jogadores e soprou-lhes ao ouvido:

– Dêem bebida para ele!

Na mesma hora, os homens ofereceram seu cálice a Amílcar que os entornou, feliz... Em instantes, completamente embriagado, ouviu “dentro da cabeça” alguém denunciar: “Estão roubando você neste jogo! São ladrões! Ladrões! Ofereceram-lhe a bebida para melhor poder roubá-lo!”

Ato contínuo, de forma absolutamente comandada pelos verdugos do Além, o pobre alcoólatra gritou:

– Ladrões! Ladrões!

Justus, num crescendo de orgulho e vaidade, olhou para seus comandados e proclamou:

– Viram? Essa é apenas a primeira fase. Até aqui, só os pretores trabalharam, mas logo chegará a vez de vocês...

A seguir, sem perda de tempo, dirigiu-se aos dois obsessores e ordenou-lhes:

– Passem à segunda fase!

Sem questionamento algum, os dois espíritos foram para perto dos dois alcoólatras. Colocaram-se lado a lado deles e, com a maior calma, colados aos seus ouvidos, naquele momento de tanta confusão e alvoroço por parte do terceiro elemento do trio, disseram a uma só voz:

– Ele está xingando vocês de ladrões. Vocês são ladrões? Vão ficar quietos? São covardes?

Os homens não ouviram nem viram nada, no plano da consciência terrena, mas, imediatamente, num pequeno ponto do córtex encefálico de cada um a camada cinzenta que forma o relevo superficial do cérebro passou a escurecer, lentamente de início. Não tardou e todo o córtex já se envolvia daquela nuvem, agora negra... O hipotálamo (que controla todas as funções endócrinas e metabólicas do organismo) de ambos os bebedores, sob pressão nefasta da tal nuvem, destrambelhou-se e fez com que sentissem grande calor e sede, intensos, simultaneamente.

Quando uma pessoa comete um despautério qualquer, é comum dizer-se que agiu assim porque "estava de cabeça quente". Literalmente, no caso presente, isso era verdade.

Como se a cabeça estivesse incendiando e a garganta secando, os dois homens, presas fáceis dos malfeitores do Além, entregaram-se a um comportamento desvairado, absolutamente sem controle das emoções.

Na mente deles só havia uma ação a desencadear, e depressa: calar aquele ingrato amigo, para o qual tanto já haviam perdido e que também em tantas oportunidades lhe pagaram bebida e que agora os acusava de roubo. Sim, para os dois, *amizade* significava parceria no jogo e pagamento de bebidas...

O infeliz ofensor do "179/1" ainda os xingava, cada vez mais aos gritos.

Justus, nesse ponto, decretou:

– À terceira fase!

Os dois subordinados voltaram-se para o alcoólatra e sem que ele soubesse que não era ele que gesticulava e sim mentes invisíveis que impulsionavam seu braço, cambaleando e mal se sustentando de pé apontou para os dois colegas e disse baixinho, entre dentes:

– Vocês dois são ladrões! Ladrões!

Agora foi Justus que se aproximou dos dois companheiros jogadores e colocando a mão ora na fronte de um, ora na do outro, em voz pastosa ordenou:

– Não admitam! Mostrem que têm brios! Rebatam essas acusações! Dêem uma boa lição nesse desordeiro e mau caráter, mau companheiro e mau jogador.

É preciso salientar que quando o grupo "179" chegou e escorraçou os desencarnados que lá imperavam, os três encarnados já estavam com a mente obnubilada, isto é, perturbada, com obscurecimento e lentidão do pensamento. Assim, a troca de comando obsessivo que ocorreu pouca diferença representou no comportamento daquele infeliz trio.

Se os encarnados pudessem avaliar o quanto é nefasta a permanência em bares e ambientes nos quais a bebida dá o tom, certamente fugiriam de tais locais, como se ali estivesse grassando um pavoroso incêndio. E isso não é figura de retórica, mas a realidade espiritual desses tristes lugares, onde homens e mulheres, pensando desfrutar de "horas felizes", muitos por solidão, outros em busca de aventuras fortuitas, na verdade ali queimam suas reservas espirituais.

Visto do plano espiritual, o recinto de alcoólatras parece mesmo que está em meio a um incêndio. Sabemos que na Terra, para existir o fogo, três constantes se impõem: o combustível, o comburente e o oxigênio. Se um faltar, não ocorre o incêndio. Já nos bares, três são as condições para o quase permanente incêndio (na estabilidade mental) que ali se nota: clima (astral), encarnado e desencarnado.

Assim como os incêndios espontâneos em climas secos e de temperaturas elevadas, ao alcoólatra que bebe solitariamente ocorre o mesmo, às vezes até em ambientes onde não há o clima coletivo e sim individual: na psicosfera do seu lar, por exemplo.

Pior de tudo é que quem bebe, inexoravelmente, deflagra sociedade com mentes desencarnadas, presas aos sempre enganosos prazeres terrenos, dentre os quais se destacam o álcool, o tabaco, os tóxicos – tripé eficiente e quase sem defesa para descambar nas trilhas do sexo irresponsável.

No caso de Amílcar, um quarto ingrediente reforçava a nossa figuração de incêndio: é que a idéia de vingança, quando irrompe, assemelha-se a pequena labareda, que, se não apagada logo pelo providencial extintor do perdão, pode se transformar em incêndio de terríveis conseqüências, no espaço e mais no tempo, pois não é raro requeimar em vidas futuras...

E, além do mais, no caso desse fogo vingativo, invariavelmente o incendiário é sempre a primeira vítima! Sim, vítima: cedo ou tarde, pelo choque de retorno.

Usando de suas inegáveis forças magnéticas, a soldo de tão mau emprego, Justus não encontrou a menor resistência em dar ordens imperiosas, como, aliás, estava acostumado a fazer, havia tanto tempo.

E o que até havia pouco parecia uma simples reunião de amigos que ingeriam alguns *golinhos*, de repente desandou.

Os dois que foram chamados de "ladrões" revidaram, aos gritos. Não era a eles que o colega acusava, pois gritava e gesticulava a esmo; mas, sob influência dos pretores desencarnados dirigia-se a eles, sem saber o que fazia. E o tom da agressão de Amílcar, que passara dos gritos para um quase murmúrio raivoso, deu-lhes a certeza da imerecida acusação. Esse tom irritou-os sobremaneira.

Em movimento sincronizado os dois "ofendidos" jogaram-se sobre Amílcar, agora não mais amigo e sim um ofensor e ingrato, derrubando-o.

A agressão foi selvagem.

Descrever em detalhes os tristes acontecimentos que ali se desenrolaram seria inútil e desrespeitoso não só ao papel, como também, e mais, ao equilíbrio da narrativa.

Quase uma hora depois, levado pela polícia ao pronto-socorro, Amílcar passou por cirurgia de emergência, tamanha era a gravidade dos ferimentos, acrescida de estar em coma alcoólico. Quando o dia amanhecesse, seria transferido para um hospital público.

Esse foi o triste desfecho de uma vingança que, como todas as demais, vem sempre na embalagem da sordidez e da covardia.

Quando a polícia foi chamada, Justus retornou com seu grupo para o "Pavilhão das justas causas", onde com pujante e indisfarçável pose de vitória declarou:

– Podem se retirar, pois por hoje já está realizada a etapa-base.

Voltando para o "179/1" inquiriu:

– Está contente?

Também exultante, o infeliz vingador disse, sem esconder a alegria (alegria?) que sentia:

– Está bem! Estou vingado.

Na mesma hora, a lista vermelha, que até então vinha quase se incandescendo, parecendo que ia pegar fogo, desapareceu das vestes dele, que então ficou inteiramente com a cor negra, da cintura para cima.

Leo, que a tudo assistira, no mais íntimo da sua alma, sem conseguir explicar, sentiu algum desconforto. Registrou a sensação, mas não soube dizer como isso acontecia nem se deteve a procurar sua origem.

Aliás, Justus, tal como se fosse um comandante que retorna de vitoriosa campanha bélica, assumiu ares de grande autoridade e, sem tardança, deu novas instruções:

– Na próxima reunião trataremos do caso do desafeto da "179/2". Fiquem todos vocês sabendo que o contratempo que aconteceu na casa dele, na outra noite, não me venceu nem convenceu de que ali houvesse poder maior do que o meu.

E, sempre com arrogância desmedida, vaticinou:

– Irei preparado da próxima vez e só descansarei quando a justa causa for alcançada. Derrota é uma palavra que não existe no meu dicionário.

Em nova reunião do grupo 179 reunido, o despótico "chefe" decretou:

– Estamos no início de nova causa e por isso será conveniente que todos não se esqueçam de que me devem obediência.

Olhou fixo um a um e logo complementou:

– O rapaz que traiu a confiança e os sentimentos da "requerente 179/2" terá seus dias visitados pelos pretores e por mim.

Antes, vamos realizar um pequeno exercício de comando mental e de obediência.

Aproximou-se da jovem Daniela e impondo a destra em sua testa disse em tom que não permitia contrapartida:

– De agora em diante todo o grupo irá atender sua causa. Por isso, não esmoreça no seu propósito. Entendeu?

Daniela, demonstrando que estava algo tonta, com grande cansaço, respondeu:

– Sim... sim...

– Muito bem. Agora, vamos aferir o grau de fidelidade de cada um aqui presente.

Assim dizendo, fez um sinal para um dos seus auxiliares pretores, o qual se afastou, indo até um móvel rústico, de onde trouxe um galho de árvore ressequido. Entregou-o ao autoritário espírito que foi de um a um dos que ali estavam, em sinistra experiência: mandava segurar o galho, lembrando:

– Pense na injúria da qual você foi vítima! Pense em quem o magoou profundamente e imagine que ele agora está nas suas mãos!

Incrível: cada espírito que segurava o galho via-o se tornar incandescente, sem contudo queimar. Dos oito componentes do "179", somente na mão de Leônidas o galho pouco incandesceu.

Extremamente contrariado, Justus olhou-o de alto a baixo, deu uma volta em torno dele, pensando, pensando... Logo, num grito rouco, ordenou-lhe:

– De pé!

Mais pelo susto do que por obediência, Leo se ergueu.

– Ótimo! Mostra que é obediente – falou o hipnotizador, acrescentando:

– E então? Está fraquejando no ajuste de contas com seus inimigos?

Leo não sabia exatamente o que responder, mas julgou prudente não enfrentar aquele “homem mandão”, segundo intimamente caracterizara Justus. Por isso, respondeu:

– Não desisti. Estou apenas esperando uma oportunidade.

– De forma alguma você poderá agir sozinho, pois todos os casos deste grupo passaram para a minha responsabilidade. Entendeu?

– Sim, senhor – concordou Leo, mais uma vez fugindo de confronto.

Mais alguns avisos e as terríveis conseqüências que aconteceriam com aqueles que lhe desobedecessem e logo o infeliz chefe dispensou seus comandados, não tanto como ele, mas infelizes também.

Em poucos dias, como sempre à noite, no desdobramento proporcionado pelo sono, o grupo “179” estava todo reunido no “Pavilhão das justas causas”. Em tom e postura de superioridade, informou o triste chefe daquele triste grupo:

– Tenho notícias para vocês e em particular para a “179/2” Averigüei sobre seu desafeto e sei o que faz, onde, como e quando.

Respirou fundo qual um grande estrategista e sentenciou:

– A conquista da justa causa começa agora mesmo. Venham comigo!

No tórax de Daniela a faixa preta ficou vermelha...

Justus foi deixando o “Pavilhão das justas causas”. De forma inconsciente, sem conseguir explicar o que os movia, os encarnados o seguiram, como se estivessem acorrentados a ele. Tão logo deixaram o interior do “Pavilhão”, sentiram-se envolvidos por um tormentoso redemoinho. Não saberiam dizer o que estava se passando, inclusive quanto à duração do turbilhão, de um minuto ou de uma hora. O fato é que quando cessou a perturbação, estavam nos jardins de um grande prédio, logo identificado como um hospital.

Ouviram Justus advertir:

– Teremos de ter grande cautela para adentrar aí porque há vigilantes atentos!

Isso dizendo, convocou justamente Daniela, Leônidas e os dois pretores para que os quatro se dessem a mão. Ordenou à “179/2”:

– Pense no namorado, o que a abandonou. Ele está aí dentro!

Como num passe de mágica, no mesmo instante os cinco se viram na ala administrativa, onde uma sala estava iluminada. Lá estava Diógenes, ao computador, efetuando a listagem de material a ser adquirido e que deveria estar pronta de manhã, para apreciação do Conselho Fiscal daquela instituição hospitalar, antes de ser deflagrada a licitação.

Daniela, ao vê-lo, não se conteve e quase gritou:

– Diógenes! É o Diógenes!

– Sim, sim, confirmou o chefe mandão, que determinou a Leônidas que ficasse à porta e não deixasse ninguém entrar.

Acompanhado de Daniela e dos dois pretores, os quatro adentraram na sala.

Justus colocou a mão sobre os olhos de Diógenes, que logo acusou uma ligeira sonolência, pois lhe pareceu que os olhos de repente estavam ficando “pesados”. A seguir, o chefe apenas olhou significativamente para os pretores e estes iniciaram massagem no baixo-ventre do rapaz, que sem entender como é que tal coisa estava acontecendo, em meio a um leve torpor foi dominado por indômita e urgente compulsão sensual. À sua lembrança acorreram cenas de ardentes encontros amorosos que vivenciara, inclusive do romance com Daniela.

Sob influxo magnético de Justus, que com a destra imposta na sua fronte e com a mão esquerda segurava o pulso de Daniela, assim foi estabelecida uma transfusão vibratória. Isso feito, determinou o espírito invasor:

– Vá agora mesmo em busca de uma aventura! É tarde da noite e ninguém o impedirá!

Justus incitou os pretores:

– Vão até a enfermeira-chefe e apliquem nela sugestões passionais.

Os dois logo se retiraram, para o cumprimento da esdrúxula ordem.

Leo, que a tudo assistia, quase não acreditava no que se passava.

Em seu íntimo, uma voz que não falava, como se fosse filha do silêncio, dizia-lhe que aquela empreitada era absolutamente contrária ao que ele, Leo, sentia e pensava da vida. Embora vaidoso e sempre tirando vantagem da sua tão decantada beleza, jamais agira com perfídia com uma mulher. Aos seus ouvidos soavam sempre as lições recebidas da mãe, na adolescência e na juventude, quanto a uma verdade deslembrada por muitas pessoas: não há relação sexual, nenhuma, casual ou prolongada, sem responsabilidade recíproca...

Em razão de tão válido conselho, desfilando seu belo perfil daqui para ali, Leo mais gostava de namorar do que propriamente se envolver a fundo... Para ele, bastava o gosto de ter a vaidade incensada com conquistas das moças. E vitórias, nas partidas de xadrez.

Sob pungente influência magnética do "espírito mandão", não conseguia raciocinar direito, mas era fato patente que alguma coisa estava errada ali. Mas, o quê? Como entender o que se passava?

Diógenes ergueu-se e se dirigiu ao "cafezinho", onde, "por acaso", ali também acabava de chegar Ambrósia, a enfermeira-chefe, trazida por indução dos dois espíritos, os quais estiveram até aquele momento praticamente colados a ela, repetindo:

– Vá ao cafezinho! Vá ao cafezinho!

Com a alma desguarnecida, tanto o rapaz como a senhora, agindo sob a maligna influência dos três espíritos obsessores, olharam-se, como se aquela fosse a primeira vez que se viam. Diógenes, no íntimo, de forma inexplicável, fazia uma avaliação de como seria um "caso" com ela. E ela, percebendo anormalidade no olhar do jovem registrou inexplicável desconforto. Por isso, ficou em guarda.

O energético sexual oriundo de sensações grosseiras é uma das cadeias que prendem os espíritos desencarnados, os quais, ligados à matéria, induzem pessoas a vivenciarem o sexo irresponsável, para dele participar e assim haurir do êxtase emanado.

Agindo sob planejamento, Justus disse aos dois auxiliares:

– Saiam de perto dela!

Quando a dupla se afastou da enfermeira-chefe ela quase não acreditou no que aconteceu a seguir: Diógenes, que trabalhava naquela noite em expediente extra, encostou-se nela e totalmente sob comando de Justus, que lhe ditou as palavras, repetiu-as, sussurrando de forma insinuante:

– Vamos à minha sala? Lá não tem ninguém...

A mulher, absorvida em múltiplos afazeres, não conseguiu se conter e num gesto de defesa da honra, ante o indigno convite, deu um tremendo e bem aplicado tapa na face daquele atrevido. O gesto, enérgico, não se caracterizou como violência ou agressão, mas tão-somente como justa reação de uma alma injuriada.

Diógenes desequilibrou-se e com isso, por momentos, libertou-se da nefasta influência obsessiva. Atônito, até mais do que a própria enfermeira-chefe, deu-se conta do disparate que acabara de cometer.

Superando a ardência dolorosa na face, só lhe restou pedir perdão:

– Senhora Ambrósia: não sei o que me levou a agir assim. Perdão.

Que foi prontamente recusado:

– Amanhã cedo você terá oportunidade de pedir perdão à diretoria.

Leo, que a tudo assistia, sem que de sua parte tivesse feito coisa alguma, ficou intrigado de constatar como é que os dois pretores tinham trazido a mulher até ali. E também não deixou de observar que eles tinham realizado uma desrespeitosa massagem na região genésica[9] de Diógenes, alterando e aguçando-lhe a libido.

Justus, nesse ponto, determinou:

– Por agora, a justiça já deu seus primeiros passos. Podemos nos retirar.

Quando Justus ia saindo, segurando no pulso de Daniela e acompanhado dos dois auxiliares, Leo observou que nas vestes da jovem a faixa vermelha se tornara pulsante...

Sem conseguir administrar seus pensamentos, Leo, incapaz de disfarçar sua revolta diante do que acabara de ver, olhou com firmeza para Justus. Este, percebendo a atitude "desobediente" daquele subalterno, também o olhou duramente. Não durou dez segundos essa flamejante troca de olhar. Leo começou a ficar tonto e sentindo que ia desmaiar, pronunciou:

– Por Deus! Ajudem-me os céus!

Na mesma hora, um fato insólito ocorreu diante de Justus, que não largara Daniela e os dois pretores: um relâmpago azul desceu do teto e envolveu a área onde estavam. Em menos de um segundo o jovem desapareceu, na frente dos três espíritos desencarnados e de Daniela.

9 – Região composta de um conglomerado de células nervosas do chamado "chacra fundamental", também conhecido por "chacra perineal". É zona de alta sensibilidade das energias sexuais. Justamente por isso é que os espíritos obsessores, ligados aos prazeres da carne, nela concentram sua ação deletéria, tornando-a pasto de vampiros espirituais, pela atividade de encarnados em atividade sexual irresponsável. (Nota do Autor Espiritual)

A jovem, sentindo súbito pavor, gritou:

– Jesus!

No mesmo instante, outro clarão, igual ao anterior, envolveu-a, retirando-a dali.

Justus ficou muito contrariado e saiu do hospital.

Outro acontecimento desagradável o esperava do lado de fora: os componentes do “179” que tinham ficado ali, à espera, também não mais estavam lá... É que, vendo dois raios azuis entrar e sair do hospital, foram dominados por grande medo e debandaram. Não era a primeira vez que aquilo acontecia...

Todos os encarnados que acompanhavam Justus acordaram, praticamente no mesmo instante, exaltados, com batimentos cardíacos acelerados e suando frio e com dor de cabeça, fato que, para a maioria deles, acontecia pela primeira vez... Na mente deles havia lembrança de terem estado perto de grandes incêndios, só que o fogo era da cor azul.

Daniela, não obstante tais fragmentos da memória, logo se sentiu feliz em acordar, pois se lembrava de que vira Diógenes e ele, de uma forma que ela não se lembrava, estava sendo punido pelo mal que lhe causara. Atribuiu seu mal-estar à gravidez adiantada...

Leo, novamente desperto de forma estranha em meio à madrugada, levantou-se e foi até a cozinha para tomar um copo de leite. Ao ver a garrafa térmica com o café que sua mãe fazia para uso durante o dia teve um sobressalto.

A memória dos acontecimentos de há pouco, embora distorcida, veio à sua mente. Com efeito, lembrou-se de que fora levado a um hospital, obrigado por um homem mandão e dois truculentos capangas. Sem poder explicar, no íntimo sabia que conhecia aqueles três... O motivo daquela ida lá era para dar uma surra num rapaz que ele não conhecia. Vagamente, quanto ao detalhe da surra, recordou-se de fato que o tal rapaz estava com a *esposa*, grávida, e que apanhara de uma senhora de branco, que tomava café, porque a desrespeitara. Percebeu que a *esposa* ficara contente em ver o marido sofrer. Esforçou-se um pouco mais e não conseguiu rememorar mais nenhum detalhe.

Aí pensou: "o que é que está acontecendo comigo? Por que venho acordando no meio da noite e com o coração disparado? E como é que fui sonhar com essa gente toda, que desconheço, mas que no sonho, de uma forma ou de outra eram meus companheiros?"

Não encontrando resposta nem explicação para aquele sonho, adormeceu novamente e no dia seguinte quase todos os detalhes daquele mau sonho já estavam apagados da memória.

Quanto a Justus, ao retornar ao "Pavilhão das justas causas", após os acontecimentos no hospital, estava satisfeito face às grandes dificuldades que Diógenes teria de administrar. Não obstante, mostrava-se preocupado com a atitude do "179/3", o Leo...

Para poder melhor refletir sobre o acontecido e decidir o que fazer, dispensou os dois auxiliares encaminhando-os para um ambiente terreno de beberagem e jogatina, onde deveriam permanecer por algum tempo, até serem convocados.

Tal dispensa sinalizava um prêmio para a infeliz dupla.

No entanto, com nova surpresa, notou que os dois auxiliares desta vez estavam diferentes... De alguma forma, não se mostraram felizes... Por que seria?

Quando se viu só, usando da férrea disciplina mental que imprimia a tudo o que fazia, começou a ordenar os fatos. Passadas mais de três horas, chegou a uma conclusão: desde que vinha realizando as pelejas das "justas causas", essa era a primeira vez que alguém tivera a ousadia de, durante uma das ações, fixar e manter o olhar nele, como que o reprovando. Sim: aquele moço tão belo e que buscava vingar-se de pessoas que o haviam surrado – ele, e somente ele –, era o culpado de tudo. Com manifesta desobediência, houvera desestabilizado o fluxo energético sobre as pessoas visadas.

Tomou irrevogável decisão e impôs-se uma tarefa: iria procurar o "moço bonito" e rebelde para pessoalmente dar a ele uma inesquecível lição de obediência. Para tanto, empregaria quantos dias fossem necessários. O fato é que o "desobediente" jamais se esqueceria do que significava enfrentar ou desafiar sua autoridade. Não descansaria enquanto não o tivesse domado e dominado.

Aliás, só depois de alguns dias, ou melhor, de algumas noites foi que, com dificuldade, conseguiu reunir novamente o grupo "179". O "179/3", Leo, não estava ali, pois Justus providenciara que não viesse mesmo...

Os candidatos a praticar a vingança, que se mostravam medrosos, foram divididos em dois subgrupos e, na companhia de dois pretores, cada subgrupo foi mandado à presença daqueles que haviam prejudicado o "179/1" e a "179/2", para perturbá-los. De forma debochada, anunciou Justus:

– Sua tarefa servirá para um pequeno treino... serão "estagiários"...

Os alvos – Amílcar e Diógenes –, residentes em bairros distantes um do outro, foram encontrados dormindo e, pela ação do pretor de cada grupo, foram simultaneamente atraídos para a proximidade do corpo físico. Ambos chegaram assustadíssimos, pelo incoercível poder de atração que os impelia de regresso ao vaso carnal. Cada um, percebendo que estava diante de ferozes inimigos, tudo fez para nele adentrar, como salvação.

Foram impedidos, pois cada pretor determinou aos "estagiários" da sua equipe que o recém-chegado fosse agarrado e levado para as redondezas, onde recebeu uma tremenda surra... Quando cada um estava prestes a perder a consciência, foi largado como se tratasse de algo imprestável.

Ao acordarem, Amílcar estava no hospital, dando gritos de dor e proferindo impropérios a inimigos invisíveis, qual se estivesse sendo vítima de inúmeros agressores... Diógenes, na sua casa, também gemia assustadoramente.

Por alguns dias, ambos não teriam condições sequer de se erguer do leito...

♟

Leo, havia vários dias e por algumas vezes a cada dia, pensava nos estranhos sonhos que vinha tendo, sobre partidas de xadrez... Sonhos recorrentes, isto é, repetidos, que sempre lhe traziam grandes perturbações, chegando a ponto de até nem mais desejar se alimentar.

Praticamente fazia visitas diárias ao dentista, rogando:

– Por favor, doutor, faça exame rigoroso, pois sinto que meus dentes estão abalados, como se estivessem para cair...

O dentista já não agüentava mais examinar aqueles dentes sadios, do jovem também saudável, mas cuja mente estava desarranjada...

Padecendo Leo desse quadro mental, a Justus não era difícil localizá-lo, para insuflar nele mais temor, mais desequilíbrio e intranqüilidade.

Esse é o grande perigo da sintonia com o negativismo, pois pela lei da atração, que funciona tanto para o bem quanto para o mal, nem sempre nos apercebemos de que, quando em atitudes ou pensamentos contra alguém, isso escancara as portas da nossa alma para a infelicidade.

Justus, empregando seu grande potencial magnético, hipnotizador, fez de Leo presa fácil, colando-se mentalmente a ele e passando a induzi-lo a praticar atos absurdos, prejudiciais ao seu emprego e ao próprio equilíbrio orgânico: ele esqueceu que tinha uma reunião com a diretoria da firma em que trabalhava e nesse dia acordou mais tarde, chegando atrasado; mesmo fora do horário, foi admitido à reunião, pois deveria apresentar importante relatório de uma pesquisa que fora encarregado de realizar; por ter se esquecido do dia da reunião, não concluíra citado relatório; advertido por seus superiores, entrou em altercação com eles; na hora do almoço ingeriu várias doses de bebidas alcoólicas, sem se alimentar e aí, ao retornar à firma, protagonizou triste espetáculo de embriaguez e de inconveniência comportamental.

Considerando que sempre fora um funcionário destacado, a diretoria houve por bem dispensá-lo naquele dia. Essa decisão não foi consensual, pois alguns diretores queriam a demissão sumária de Leo... por *justa causa...*

Desnecessário aduzir que os diretores que votaram pela demissão também eles estavam devidamente "assessorados" por Justus...

Prevaleceu o bom histórico profissional de Leo e ele apenas foi duramente advertido de que, na reincidência, a demissão seria certa. Alguns colegas, que o invejavam havia tempos, regozijaram-se ante todos aqueles contratempos. Ao ser levado para casa, quase sem sentidos, a mãe, Cristina, preocupou-se com o péssimo estado do filho. Aliás, nem foi tão grande a surpresa de ver Leo chegar naquele estado, pois vinha notando que algo anormal estava acontecendo com ele, havia algumas semanas, principalmente noites mal-dormidas, com maus sonhos. Impossível não associar o estado atual do filho ao triste episódio da surra que levara...

Cristina acomodou o filho e em orações a Deus pediu uma intuição, uma indicação do que fazer para aliviar aquela angustiante situação.

Quando Leo acordou, já tinha anoitecido.

A mãe estava ao seu lado. Acarinhando-o na face, perguntou:

– Qual foi a última vez que você conversou com Deus?

A pergunta pegou-o desprevenido, até porque estava ainda um pouco tonto.

Sem obter resposta, Cristina acrescentou:

– Quando as coisas não vão bem para nós, a solução infalível está na prece sincera, aquela que é feita pelo coração e aí Jesus nunca deixa de nos atender. Aliás, meu filho, à simples pronúncia do nome de Jesus, nome mil vezes sagrado, mesmo que seja em silêncio, como é a voz do coração, o perigo se desvanece.

Leo, refazendo-se em parte, recordou-se no mesmo instante de que desde criança sua mãe repetia esse sublime conselho. Na mente, de forma abrupta, veio-lhe a própria imagem, num dos tormentosos sonhos de ultimamente, em momento difícil para ele, quando pronunciou o nome de Jesus e pediu socorro aos céus!

A imagem-lembrança de ter pedido tal ajuda, projetada no consciente, de fato constituíra-se, naquele momento de perigo, em providencial amparo espiritual, que se somou às repetidas e sinceras preces que sua mãe vinha fazendo por ele.

Sem poder conter a emoção, aninhou-se no colo materno, que acolheu generosamente as abundantes lágrimas que pareciam dizer: "Mãe, mãe, me ajude!"

Cristina, alisando a bela cabeleira do filho, deixou-o extravasar as emoções represadas e que certamente espelhavam sofrimento. Enxugando-lhe as lágrimas e beijando-o várias vezes no rosto, disse-lhe com ternura:

– Sabe, meu filho, Deus tem várias maneiras de nos avisar quando alguma coisa que estamos fazendo ou que pretendemos fazer não é boa. Quem prestar atenção aos sinais que a vida dá, com certeza, não cometerá os desenganos que tanto sofrimento causam a quem faz e a quem são dirigidos.

Sem saber ao certo por que estava dizendo aquilo tudo, emendou:

– Desde que aprendi a ler, tenho visto condenação enérgica à vingança, em várias publicações, sobre todas as civilizações, de todas as épocas e sobre todas as religiões.

Assim que disse essas coisas, Cristina entendeu por que o fizera: seu filho não tinha levado uma tremenda surra havia quase um mês? Na mesma hora teve certeza plena de que aquilo que estava acontecendo com ele tinha relação direta à desditosa agressão. Sim, intuiu que o filho vinha alimentando, desde então, ocultos desejos de vingança... Embora já soubesse a resposta, perguntou:

– Há algo que o preocupa intensamente?

– Sabe, mãe, todos aqueles ferimentos que me fizeram doeram muito, até mais na minha alma do que no meu corpo.

E entre dentes, rilhou:

– Quem fez isso comigo vai pagar caro! O que foi que eu fiz para merecer essa bárbara agressão? O que fiz?

E completava, blasfemo:

– Onde está a justiça de Deus que me deixou ser vitimado por esse nefando crime?

Sua mãe, diante de tão grande perturbação, sabendo que o filho gostava muito de xadrez, sendo inclusive exímio enxadrista, procedeu a uma espécie de "xeque-mate" na insensatez do filho:

– Até parece que você já se esqueceu das aulas de evangelização cristã...

– Como assim, mãe?

– Pois então: Jesus não tinha absolutamente nada que o condenasse, muito ao contrário, passou a vida toda aqui entre nós distribuindo bênçãos e mais bênçãos. E qual foi o reconhecimento que a humanidade lhe deu?

Com um leve sorriso de repreensão emendou:

– Quanto a você, já perguntou à sua consciência se nada fez mesmo de errado?...

Leo baixou a cabeça, pois em um segundo, veio-lhe à mente a lembrança de tantas aventuras irresponsáveis... tantos corações que machucara... tantas moças sonhadoras que simplesmente iludira e depois abandonara...

Captando o astral, sua mãe, com firmeza, alertou-o:

– Filho querido, deixe de lado qualquer atitude vingativa! A vingança que perpetramos contra alguém que nos magoou invariavelmente se volta contra nós!

Pausadamente, mas sempre confiante, completou:

– Quando uma pessoa se dispõe a realizar uma vingança, do plano extrafísico surgem vários "auxiliares" que se comprazem com isso. Tais espíritos são tão ou mais infelizes do que o vingador, mas esses desencarnados e o encarnado acumpliciam-se, inconscientemente, numa sociedade espúria... Aí, mesmo que o vingador desista de se vingar, tais "sócios" não permitirão, lançando mão de recursos poderosos, dentre os quais o hipnotismo...

Ante o espanto de Leo, complementou:

– Tudo isso é muito triste, meu filho! Cuidado! Faça da prece a sua defesa contra tais pensamentos bárbaros... Os espíritos que se dedicam à vingança, encarnados ou não, sempre se tornam escravos de obsessores mandões.

Quando a mãe pronunciou a palavra "mandões", Leo deu um sobressalto:

– Nossa, mãe! Até parece que você adivinha o que eu sonho...

Cristina, sem nada dizer, intimamente rendeu graças ao Mestre Jesus por ter tido a valiosa oportunidade de trazer à tona aquele diálogo, pelo qual ficara evidenciado que seu filho, de alguma forma, estava vivenciando momentos infelizes.

Leo perguntou:

– Como é que alguém encarnado pode ser hipnotizado por espíritos?

– Principalmente durante o sono, quando o encarnado vai para o plano extrafísico e se encontra com os comparsas de maus procedimentos...

– Mãe... será que os sonhos maus que estão acontecendo comigo são por causa dessas coisas que você falou?

– Pode ser que sim. De qualquer forma, inaugure o abençoado hábito de fazer uma prece na hora de dormir. Todos temos um anjo guardião e, se você pedir a ele conselhos para ajudá-lo a proceder no bem, tenha a certeza de que sua noite será de sono feliz e sonhos construtivos.

Como o filho se mostrasse disposto a ouvi-la mais, acrescentou:

– Você nunca ouviu falar no "sono útil"?

– Não me lembro...

– É simples: trata-se de uma atitude salutar, à hora de dormir, que todos podemos tomar: mentalizar os bons espíritos e colocar-nos à disposição deles para algum aprendizado ou, quem sabe, fazer parte de alguma equipe socorrista, indo levar o auxílio possível a quem dele esteja necessitado.

Leo ouviu tudo aquilo atentamente e nos refolhos uma voz repetia o que sua mãe falava, acrescentando que aos olhos de Deus o perdão é luz e a vingança é treva. Ficou intrigado ao perceber que a outra voz lhe falava diretamente "dentro da cabeça" e exatamente sobre o que a mãe falava...

De qualquer forma, decidiu que decifraria o que estava acontecendo em sua vida, trazendo à luz o porquê daquela perturbação que havia tempo não o deixava.

No dia seguinte, ao acordar, por ser sábado e não ter de ir trabalhar, logo lhe veio à mente a vontade de visitar Renata, pois trazia na face apenas quase imperceptíveis vestígios da cirurgia.

Ao café matinal disse à mãe que iria visitar a namorada.

Dirigindo em direção à casa de Renata, Leo pensava no que a mãe lhe dissera na véspera. Mas ainda não se dispusera de todo a deixar de se vingar. Justus, que vinha encontrando enorme dificuldade para se aproximar dele, estava furioso. Aí...

Sem que tivesse a menor responsabilidade pelo ocorrido, Leo foi abalroado por um veículo, cujo motorista fugiu, sem ser identificado. Levou o carro à oficina para consertá-lo e, ao sair, na calçada, um desses tristes adolescentes que perambulam pelas ruas, sem lar, pediu-lhe uma esmola... Enquanto Leo procurava uma nota no bolso da calça, o menino simplesmente enfiou a mão no bolso da camisa dele e com incrível velocidade surrupiou-lhe a carteira de documentos, fugindo em velocidade...

É que, não podendo agir diretamente contra ele, Justus usara o motorista fujão e o menino como "ferramentas avulsas", conforme apregoava para si mesmo...

Bastante aborrecido pelos contratempos, dirigiu-se à casa de Renata.

Renata tinha uma gata que ganhara de presente havia cinco anos. Essa gata, em casa, causara inúmeros problemas quando tinha dois meses de idade: começou a puxar toalhas, derrubar copos e objetos sobre as mesas, a perseguir insetos e quando os apanhava os trazia para dentro de casa. Quando nasceu, o primeiro nome que havia recebido era "Fofinha" – "Fófi" para os íntimos... –, mas nem o nome oficial, nem o apelido duraram mais que três meses. Logo, em brincadeira, o pai de Renata começou a chamar a gatinha de "Encrenca". Fato é que, chamada de forma amorosa pelas pessoas da casa, mesmo com esse nome, a gata homologou-o, pois a cada vez que ouvia essa palavra, erguia as orelhas, abria bastante os olhinhos e, de rabo em pé, qual periscópio de submarino, se aproximava de quem o pronunciara.

Quando completou cinco anos, "Fófi-Encrenca" se tornara um animal de hábitos disciplinados, extremamente amorosa com todos da casa, mas principalmente com Renata, de quem, sempre que possível, se aproximava e junto dela permanecia por longas horas.

Assim, quando Renata começou a namorar Leo e ele a visitá-la, em casa, sempre junto a ela lá estava a "Encrenca", ou melhor, "Fófi".

Agora, não foi diferente...

Leo, ao chegar viu que Renata estava com a gata no colo.

Mal a jovem o viu correu a abraçá-lo, sem largar a gatinha.

Mas, um acontecimento absolutamente inesperado iria deixar os dois bastante assustados. É que quando Renata se aproximou do namorado, a gatinha, que sempre fora amorosa com ele, teve uma súbita reação, própria de quando os felinos se sentem diante de algum perigo: o manso animal, desprezando o aconchegante lugar em que estava, deu um formidável salto e fugiu dali. Suas orelhas estavam para trás, grudadas na cabeça, e a cauda dobrara de volume, eriçada. Rangendo os dentes e soltando sons pela boca, característicos de desagrado, ou defesa, desapareceu em segundos.

Quando os animais, em geral, têm reações estranhas, denotando grande inquietude, isso pode sinalizar que algum espírito está por perto e com atitudes negativas. Quase sempre, tais animais estão pressentindo algum perigo...

Um quarto personagem, e somente ele – Justus –, entendeu o que se passara: a gata, de alguma forma, detectou sua presença. Ele viera com Leo. E, ao ver Renata, não conseguiu evitar que uma espécie de descarga elétrica o alcançasse. Nesse preciso momento, Justus voltou a ser catapultado por uma tremenda força, de origem desconhecida, que o levou de volta à triste região onde reinava como um déspota. Levava a imagem de Renata fixada em sua mente...

Aliás, é sabido que os animais – e o gato mais que todos – possuem uma especial percepção do plano extrafísico, reagindo conforme seu instinto. Nenhum animal tem mediunidade, o que a própria lógica comprova, eis que não seria possível um animal, qualquer animal, receber uma psicografia, falar algo, etc., de autoria de um espírito.

Não dando maior importância àquilo, Leo beijou Renata demoradamente.

Renata, com doçura ímpar, declarou ao namorado:

– Eu o amo e nada fará com que deixe de amá-lo!

Voltando a beijá-la afetuosamente e sentindo uma agradável sensação por estar perto dela, Leo respondeu:

– Eu também a amo, muito, muito.

Depois de se acarinharem bastante, ele confidenciou:

– Andam acontecendo coisas estranhas comigo...

– Quais coisas, meu amor?

– Nem eu sei explicar, mas desde que fui agredido não consegui mais dormir um sono tranqüilo.

– Como assim? O que está acontecendo? Você tem tido sonhos?

– Sonhos ruins... muito ruins... e quase sempre os mesmos...

– A maioria dos sonhos guarda alguma relação com a vigília... Conte-me sobre esses sonhos.

– Vejo-me num lugar sombrio e há uma porteira. Antes de passar nela, um homem mau me desafia para jogar xadrez.

– Eu não disse que os sonhos têm relação com a vigília? Essa porteira representa uma passagem para uma nova atitude sua, talvez abandono de algum projeto e início de outro...

– Pois é, mas no jogo eu perco sempre. E pior: a cada peça minha que esse homem mau consegue tomar é um dente meu que cai... ora incisivos, ora os pré-molares, ora os caninos e até alguns molares. E ele me humilha sem parar... Sempre me obriga a olhar num espelho e eu me vejo banguela. É horrível...

Para Renata, associando as palavras de Leo aos seus pressentimentos, e ao que sua mãe contara sobre o que disseram os espíritos sobre ele, na reunião mediúnica de desobsessão, sinalizou que o namorado, realmente, vivenciava clima íntimo negativo e que era necessário fazer algo. Pensou um pouco e como quem toma uma importante decisão fez-lhe um convite:

– Leo, há muito tempo tenho vontade de convidá-lo para ir comigo ao centro espírita...

O cuidado da jovem se prendia ao fato de que, por várias vezes, quando conversara com Leo sobre o assunto "religião", ele invariavelmente colocara freio no diálogo, dizendo que só quando criança era dado "a essas coisas".

Mas, agora, percebendo que ele vinha apresentando comportamento meio estranho, Renata foi direta:

– Estou convidando-o para assistir a um seminário e não para participar de uma reunião doutrinária, evangélica ou mediúnica.

O brilho que Leo viu nos olhos da namorada funcionou como poderoso aval de que ela falava com amor. E não há força maior do que a do amor... Desarmando-se, ou melhor, desarmado pela circunstância, só conseguiu perguntar:

– Seminário? Sobre o quê?

– Sobre hipnotismo...

A resposta caiu como uma bomba no cérebro de Leo, pois era precisamente esse assunto que tratara no dia anterior com a mãe. Aliás, na verdade, isso vinha martelando sua mente. Havia tempos, lera ou ouvira, não se lembrava onde, que o hipnotismo é algo que tanto pode realizar maravilhas, quanto infelicidades. Por isso, no subconsciente, estava mesmo querendo aprender alguma coisa sobre tão insólito tema. Na mesma hora, com ênfase, abraçou Renata, deu-lhe um carinhoso beijo e exclamou:

– Você é o anjo da minha vida!

Renata, sem compreender direito o que motivara aquela agradabilíssima manifestação de Leo, além da implícita aceitação ao convite que fizera, só teve uma certeza: tudo aquilo estava acontecendo por intuição, ou melhor, amigos espirituais estavam envolvidos naquilo.

Renata julgou que não deveria ocultar do namorado o que sua mãe lhe contara, sobre os obsessores que o assediavam:

– Sabe, Leo, quando você não veio me visitar, fiquei muito preocupada e pedi à mamãe que fizesse preces a seu favor, lá no centro espírita.

Cautelosamente, prosseguiu:

– Não sei se você sabe, mas meus pais são médiuns e freqüentam reuniões mediúnicas semanais, nas quais bons espíritos trazem espíritos desencarnados que se encontram desorientados, ou necessitados, que são recepcionados em clima de fraternidade e a quem são dados aconselhamentos evangélicos.

Leo ouvia, em silêncio. Renata continuou:

– As preces que foram feitas em seu nome obtiveram como resposta conselhos para que você abandonasse pensamentos de vingança...

Leo ficou lívido. Era a segunda vez que seu íntimo era exposto.

– Será que os sonhos ruins – finalizou Renata – não estão justamente comprovando que talvez você esteja propenso a realizar alguma vingança? E, nesse caso, não será possível que algum espírito mau esteja perturbando-o?

– É provável... é provável... Mas agora tenho de ir.

Quando Leo estava se despedindo, viu "Fófi" placidamente estendida, agora em tranqüila soneca. Chamou-a, carinhoso:

– Oi, "Encrenca", vem cá. Uma a mais, uma a menos, na minha vida não vai atrapalhar...

O animal, dócil com ele, atendeu ao chamado e aproximou-se, mansa. Enroscou-se, primeiro, nos tornozelos de Renata e logo foi até ele, repetindo as mesmas atitudes que, em termos felinos, significa: "somos amigos e eu gosto muito de você".

Nas noites seguintes, Leo seguira o conselho materno e fizera preces na hora de dormir. Ao acordar, não se lembrava de nada; tinha apenas a sensação de certeza de que não tivera sonhos perturbadores.

E assim, no dia e hora aprazados, Renata levou Leo ao centro espírita que ela e a família freqüentavam. Era a primeira vez que Leo entrava naquela casa espírita. De imediato, notou a simplicidade e a higiene reinantes ali.

Quando o seminário começou, alguém leu um trecho de *O Evangelho Segundo o Espiritismo*, justamente o item número 9, A vingança, do capítulo 12, "Amai os vossos inimigos".

Leo estremeceu ao ouvir a leitura e ficou impressionado com as advertências contidas naquele item. Segundo explicações que Renata se apressou em lhe passar, a autoria daquelas advertências era de um espírito chamado Jules Olivier, que assim se pronunciara em Paris, em 1862, através de um médium psicógrafo.

– O que é "médium psicógrafo"? – perguntou Leo.

– Uma pessoa encarnada que anota uma mensagem de um espírito – respondeu Renata, com simplicidade.

QUATRO

Hipnotismo

Naquele centro espírita, pessoas reunidas sob a égide do Evangelho, ouviam um esforçado pesquisador e participavam das suas reflexões sobre o hipnotismo, à luz do Espiritismo.

Democraticamente, os ouvintes podiam perguntar o que quisessem, a qualquer instante da palestra, desde que a questão se relacionasse ao tema.

Discorria o palestrante:

– Vamos, de início, definir o que significa a palavra hipnose [do grego *hypnos* = *sono*]: é o estado mental análogo ao sono, provocado artificialmente e no qual o indivíduo é capaz de obedecer às sugestões feitas pelo hipnotizador. Nesse sentido, o hipnotismo parte do pressuposto de que uma mente poderosa pode influenciar outra. Citada influência se manifesta como se o paciente estivesse dormindo. E, na hipnose, o estado artificial provocado por sugestão caracteriza-se pelo aumento de suscetibilidade por parte do hipnotizado, que perde parcialmente a capacidade de se tornar receptivo a outras influências.

Várias foram as perguntas, às quais o palestrante respondeu com bondade:

– Se *hypnos* quer dizer sono, podemos dizer que quem está dormindo está hipnotizado?

– De forma alguma. Podemos notar, de fato, que uma pessoa hipnotizada e outra adormecida têm ambas a aparência de calma relativa, quase lassidão. Entretanto, no sono, o desprendimento é natural, já no hipnotismo, provocado.

– É verdade que o hipnotismo tem o mesmo efeito da anestesia?

– Tamanha pode ser a influência do hipnotizador que há registros até de operações cirúrgicas feitas em pacientes sensíveis à anestesia, mas que, em transe, não acusaram dor. Em inúmeros casos, dentistas há que igualmente recorrem à hipnose, com o que conseguem realizar o tratamento necessário em pacientes com aquela que podemos chamar de "fobia odontológica".

– De que forma pode o hipnotismo funcionar como anestesia?

– Em ambas as situações, isto é, na pessoa anestesiada ou na hipnotizada, a contraparte astral da região física visada é ligeiramente afastada, qual se desligasse o componente vital da massa carnal. Mas, observem que esse afastamento, se é que assim podemos denominar o fenômeno, tem duração limitada, num e noutro casos.

– Perdoe meu desconhecimento, mas se um hipnotizador quiser, poderá determinar a um paciente que cometa algum ato imoral, ou mesmo um crime?

– Determinar, o hipnotizador pode; contudo, se o hipnotizado irá cumprir ou não uma ordem dessa natureza dependerá do grau de sintonia vibratória entre ambos. É verdadeiro que a hipnose ocorre quando alguém se assenhoreia da vontade de outrem, repassando-lhe sugestões, ou até mesmo ordens, para aceitação ou cumprimento imediato ou então para mais tarde... No entanto, deve-se salientar que o paciente (o hipnotizado) só cumprirá as ordens do agente (o hipnotizador) se estiverem dentro da trilha moral na qual o executor vive.

Fazendo ligeira pausa, logo prosseguiu:

– Não podemos nos esquecer, porém, de que num caso desses, isto é, alguém determinar a outrem que proceda erradamente, o próprio ordenador já demonstra que não possui elevação moral...

– O que dizer dos mágicos que agem nos circos, hipnotizando pessoas?

– O hipnotismo acumula casos de variadas feições, dentre os quais, os mais comuns, são os de espetáculos públicos, que nem convém detalhar.

– Por quê?

– Porque se trata do uso indevido de um mecanismo espiritual, colocado à disposição da humanidade para benefícios, jamais para simples diversão.

– Em que casos o hipnotismo causa algum bem?

– Muitos: além dos já citados anteriormente (qual anestesia) há registros de emprego de hipnotismo, com bons resultados, nas curas de vícios (hipnoterapia), tais como toxicomania, alcoolismo, tabagismo etc.; podemos ainda citar o caso de pacientes insones que conseguem adormecer com mais facilidade sob ordens recebidas na vigília.

– Até aqui você se referiu à ação hipnótica de encarnado para encarnado. Poderia agora nos esclarecer se isso ocorre também entre desencarnados?

– E como! Quando o hipnotismo sai do plano material e intercala atividades com o espiritual, aí então, com toda certeza, o leque de acontecimentos se avoluma em tal proporção que dificilmente poderá ser quantificado.

O expositor fez enérgico alerta aos que o ouviam:

– Devemos destacar que em nossas pesquisas, lendo inúmeras obras de autores espirituais respeitáveis, pudemos depreender que espíritos elevados, nos seus misteres missionários de amparo a espíritos carentes, não utilizam a hipnose nos termos que a conhecemos. Usam, sim, o seu poder mental, por exemplo, quando dirigem prece ao Mestre Jesus pedindo em favor desses espíritos, encarnados ou desencarnados, dos quais têm diagnóstico intuitivo de que é melhor que eles se aquietem, eventualmente adormecendo.

– Se os espíritos bondosos não empregam o hipnotismo, inferimos que os desencarnados que o praticam, necessariamente, não possuem evolução moral...

– É temeroso dizer que todos os hipnotizadores, encarnados ou desencarnados, não possuem evolução moral. Ou que uns têm e outros não. Melhor seria dizer que há, em ambos os planos (físico e extrafísico) os que não possuem conhecimento do inesgotável manancial de bênçãos que Deus proporciona permanentemente aos Seus filhos ou nele não crêem. O homem, no plano em que estiver, tem em si mesmo a grande capacidade de ser representante e co-criador da obra divina, que, em análise integral, significa ser um agente do amor. Assim, todas as suas ações no bem são como que filtradas, ou melhor, interligadas, de cima para baixo – do plano maior, para o menor.

– Como você cita autores espirituais, o que dizer do hipnotismo praticado obsessivamente?

– O hipnotismo surge com sua mais perigosa face quando o hipnotizador é um espírito desencarnado e que conhece perfeitamente tal situação: e pior: domina técnicas hipnóticas que aplica com maldade sobre alguém encarnado. Nesse caso – hipnotizador desencarnado fixado no mal –, o caminho percorrido, isto é, o processo pelo qual ocorre a hipnose permanece sempre adstrito às mesmas peculiaridades das demais práticas hipnóticas que já citamos, mas com terríveis agravantes, posto que, via de regra, o hipnotizado quase sempre desconhece que está sob maléfica influência alheia...

– Como identificar hipnose com origem no plano espiritual?

– O mal que um espírito desencarnado causar a alguém, pela hipnose, só terá sua origem detectada pelos mecanismos conscientes ou inconscientes da mediunidade, isto é, depois de já ter feito pouco ou muito estrago, segundo o pretendido pelo hipnotizador. Seria algo assim parecido como alguém que, por não ver a eletricidade, venha a ser eletrocutado ao pegar num fio de alta tensão energizado, solto na rua, por qualquer motivo; ou, ainda, num outro exemplo, alguém que vendo o fogão desligado pega pela borda uma caneca ou panela, queimando-se gravemente, pois até poucos instantes antes o vasilhame estivera sobre as chamas.

Simplificou:

– Em outras palavras, na obsessão, quase sempre, o perigo é absolutamente invisível, facilitando o "acidente". Partindo de espíritos desencarnados, maior é o elenco de atividades hipnóticas, cujos resultados, segundo o Espiritismo, são classificados como processos obsessivos.

Fez ligeira pausa e logo prosseguiu:

– Com efeito, Allan Kardec, o codificador da Doutrina dos espíritos (o Espiritismo), fez várias reflexões sobre a obsessão. Eis uma delas:

"Domínio que alguns espíritos podem exercer sobre certas pessoas. Só é praticada pelos Espíritos inferiores, que procuram dominar. Os bons Espíritos não impõem nenhum constrangimento"[10]. Percebam que Kardec não se refere a "desencarnados"

10 – *O Livro dos Médiuns*, cap. 23, questão 237, Petit Editora. (N.E.)

ou a "encarnados". Outro não foi o motivo pelo qual hoje o Espiritismo desdobra a obsessão, que pode tramitar:

a. de desencarnado para encarnado (maioria dos casos);

b. de desencarnado para desencarnado (exemplo: quando espíritos de grande poder magnético fixados no mal escravizam outros, mais fracos, e portadores de grandes culpas);

c. de encarnado para desencarnado (como no caso dos inconformados com a morte de um ser, querido... ou odiado: essa atitude emite vibrações, no primeiro caso, de angústia, no segundo, de rancor, sendo arremessadas em direção ao espírito desencarnado, que, ao absorvê-las, também é presa de grande desconforto mental);

d. de encarnado para encarnado (é o caso, por exemplo, de chefes tirânicos, que espezinham seus subordinados, ou ainda de cônjuges déspotas, ciumentos ou infiéis, que martirizam seus pares);

e. finalmente, há o numeroso rol dos auto-obsessores, aqueles que, desprovidos de fé e cultores da tristeza, vivem infelizes sem causa justificável, dentre os quais podemos citar os hipocondríacos (com mania de doença, tendo por "lazer" ou distração, visitas diárias às farmácias, na esperança de encontrar novos fármacos para suas – inexistentes – doenças).

– Ainda há pouco você se referiu a "panelas quentes...", que queimam desavisados. E no caso dos ímãs? Fazem algum mal?

– Não se deve confundir hipnotismo com magnetismo: no hipnotismo, o alvo é o cérebro, onde há acúmulo de fluidos, causando estado congestivo fluídico cerebral, que anula a vontade do paciente; geralmente, a ação hipnótica parte sempre de apenas um hipnotizador, e os resultados costumam ser imediatos, nada impedindo que o sejam também retardados, com hora marcada para ocorrer. Já na aplicação do magnetismo, cumpre destacar o *magnetismo natural* e o *magnetismo animal*.

Explicitou, em continuidade às suas reflexões:

– No primeiro caso, temos as propriedades naturais, de que o ímã é um bom exemplo. Contudo, na segunda alternativa e partindo do ponto de vista espírita, vemos que o emprego do magnetismo sempre se refere a uma energia sublime, restauradora de equilíbrio psicossomático, objetivando auxiliar alguém e a ação ocorre em clima espiritualizado. Nesses momentos, o magnetizador, ou os magnetizadores, é movido pela caridade. Há muito tempo que nos meios espíritas não se usa a expressão "magnetizador", e sim, "médium passista", ou apenas "passista". De qualquer forma, o que se opera é a transferência de fluidos reparadores do médium para aquele que recebe o passe.

– Agem os magnetizadores (ou passistas) por si mesmos, isto é, com recursos energéticos próprios, ou há influência espiritual?

– Na maioria dos casos, há participação do plano espiritual, pelo arrimo de espíritos protetores. Mas há casos, raros, em que o magnetizador possui mesmo mérito para doar suas próprias energias balsamizantes e até curativas. No Espiritismo, nesses casos, dizemos que o médium é "de cura".

Após pequena pausa prosseguiu:

– É absolutamente recomendável que jamais sejam promulgados diagnósticos instantâneos sobre alguém que, ante problemas espirituais e/ou físicos, procure auxílio no centro espírita. Recomendamos isso porque não é raro que em tais casos o atendente logo declare que o caso é de mediunidade a ser "desenvolvida". Prudente será prestar o apoio fluidoterápico, não se esquecendo jamais de que a medicina terrena também existe por bênção divina.

Concluiu:

– Nunca será demais repetir que, no magnetismo – especificamente na fluidoterapia – o objetivo é reequilibrar os desajustes espirituais do paciente, com o subseqüente alívio dos problemas físicos. E, mais importante: os resultados, conquanto se subordinem ao merecimento do paciente, prosperarão de forma eficiente se contar com o apoio do plano maior, na razão direta da abnegação e moral do médium, que procede com integral sentimento de caridade, sem nada cobrar.

– O que o senhor quer dizer com "merecimento do paciente"?

– Que não basta ir ao centro espírita e receber um, dois ou vários passes, para obter resultados perenes. É claro que qualquer pessoa que receba um passe e tenha um mínimo de fé receberá reconforto... de alguma duração. Assim, deve-se salientar ao paciente que a cura definitiva para seus males espirituais, com ou sem reflexos físicos, repousa integralmente na sua própria ação, visando melhorar suas tendências, analisando seu proceder, realizando enfim, aquela sublime e incomparável reforma de si mesmo, "detonando" manias, defeitos e más tendências, ao tempo que os substitui por mansidão, que é filha da humildade, e pela caridade, que é filha do amor ao próximo.

CINCO

[Des]união de forças...

No dia seguinte ao acontecido à noite, no hospital, envolvendo Diógenes e Ambrósia, esta apresentou queixa por escrito dele. Sendo funcionária exemplar, indispensável mesmo, contou com o apoio do diretor de Recursos Humanos. Resultado: Diógenes foi demitido, por "justa causa", pois Ambrósia foi instruída por aquele diretor a apresentar queixa-crime na polícia.

Na delegacia, foi lavrado o respectivo boletim de ocorrência e com base nesse documento policial, a "justa causa" foi avocada, impedindo a Diógenes qualquer defesa...

Justus, sabendo do desfecho, mais uma vez creditou todo o sucesso a si mesmo. O que ele não contava é que Daniela, desdobrada espiritualmente e presente à reunião no "Pavilhão das justas causas", ao saber dessa notícia, já não sentiu a mesma alegria do primeiro momento, quando presenciara Diógenes ser duramente repelido pela enfermeira-chefe.

Na alma da jovem grávida algo lhe dizia que aquilo não estava certo.

Se Justus decantava sua força, seu sucesso, sua vitória, seu poder, Daniela, ao contrário, sentia-se a única culpada...

E o sentimento de culpa, expressando o "diagnóstico da consciência" é uma outra bênção estabelecida pelas Leis Divinas: não se cala, não se acomoda, nada teme e é invencível. Só permite o retorno da paz quando ela, a culpa, transforma-se em arrependimento, o arrependimento em remorso, o remorso em reconstrução e esta seguida da respectiva expiação (desconforto similar ao que tenha causado o seu mau ato).

Essa sistemática individual é uma das faces daquilo que o Espiritismo denomina "reforma íntima".

No "Pavilhão das justas causas" Justus estava furioso: o "179/3", que pela lista numérica era o "requerente" a ser atendido, vinha seguidamente faltando às convocações. E como a disciplina era a diretriz suprema de Justus, ele não se conformava com a aparente deserção. Dizia, com soberba:

– O "179/3" é um covarde, é um frouxo. Mas ele que aguarde o que eu tenho para oferecer aos desertores... Vou inaugurar um inferno particular para ele, além dos "bons sonhos" que já está tendo...

Os que o ouviam ficaram aterrorizados, pois sempre que Justus se mostrava assim tão raivoso recrudescia o fogo que crepitava nas tochas pendidas das paredes, além de estranhos ruídos percorrerem o ar...

♖

As ausências de Leo eram fruto das novas disposições a que ele vinha se entregando, aproximando-se do reto proceder, afastando-se de propósitos vingativos. Espíritos bondosos sempre arrimam quem assim procede.

O fato é que os componentes do grupo "179", fosse por alguns dos acontecimentos que presenciaram, fosse pela intransigência de Justus, já não traziam no coração a mesma certeza quanto à vingança que de início pretendiam... Um vago temor, de algo desconhecido, invisível, mas pulsante, deu azo a que a consciência de cada um pudesse finalmente ser ouvida, dizendo-lhes que tudo aquilo em que tinham se envolvido não era bom...

Decorrido algum tempo, Renata voltou a convidar Leo para nova visita ao centro espírita para assistir a outra palestra pública, cujo tema seria "Justiça divina".

Leo não só aceitou o convite como também levou seus pais junto com ele.

Em síntese, as palavras do orador espírita foram:

a. A justiça divina é aquela que, sendo perfeita, eterna, imutável, imparcial, contempla com exatidão infalível – crédito ou débito – cada espírito, segundo suas ações, sejam no bem ou no mal;

b. O Espiritismo bem disserta sobre a justiça divina, mostrando ao homem que – através das existências sucessivas, que é o mecanismo natural da reencarnação – o indivíduo vai progredindo sempre, ora tropeçando, ora alçando vôo nos ares das virtudes, e assim forma um passivo espiritual que se reflete a cada nova existência terrena;

c. Deus não premia e não castiga: tudo o que acontece com o espírito é fruto único e exclusivo das suas escolhas no agir, ao longo das vidas sucessivas;

d. A justiça divina não deixa, jamais, de se expressar; mesmo que na aparência o ser julgue que o bem não é recompensado assim como o mal é glorificado: essas são situações episódicas de qualquer existência;

e. A propósito disso, não há lógica, filosofia ou sistema melhor do que esse da reencarnação, que tão bem justifique e responda o porquê de tantas infelicidades no palco da humanidade, o que, muitas vezes, vem até nublando a razão das pessoas boas, que não conseguem entender como é que o Pai tenha permitido, por exemplo, que alguém nasça cego, paralítico, etc.;

f. Nenhum homem pode alegar desconhecimento da Lei Divina da justiça, pois, quando o ser passa a ser integrante da humanidade, vindo de multiplicadas experiências nos reinos inferiores – estágio no mineral, desenvolvimento da sensibilidade no vegetal, aperfeiçoamento do instinto no animal e aquisição do trinômio "consciência/livre-arbítrio/inteligência contínua" no hominal –, ele e somente ele passa a ser responsável pelo seu porvir rumo à angelitude, objetivo precípuo pelo qual todos fomos criados;

g. Temos, por isso, uma bússola que jamais falha, e que nos mostra o norte do Evangelho de Jesus: é a nossa consciência, que pode ser impedida por algum tempo de ser ouvida, mas nunca para o resto da vida, pois mais dia, menos dia, chegará a hora do arrependimento;

h. Tão balsâmica é a lei de justiça divina que possibilita a todos os culpados, quaisquer que sejam os níveis de hediondez de seus atos, tantas oportunidades de reconstrução quanto necessárias sejam (essa é outra das sublimes vertentes da reencarnação);

i. Jesus consubstanciou magistralmente a justiça divina ao proclamar: "A cada um, segundo suas obras"[11].

Para encerrar sua palestra, dirigiu uma pergunta à platéia:

– É fácil perdoar quem nos tenha feito mal?

Todos se entreolharam, algo confusos, quais crianças surpreendidas em alguma "arte".

O expositor deu tempo para todos refletirem. Depois, respondeu ele mesmo:

11 – Mateus, 16:27. (N.E.)

– Não, não é fácil. Os obstáculos que a própria civilização cultivou ao perdão, ao longo dos séculos e das culturas regionais, evidenciam que a maioria da humanidade preza muito o "olho por olho". E, de preferência, que isso seja feito pelas próprias mãos... Não há povo sobre a Terra que considere uma suprema valentia o perdão – ao contrário, é tido como covardia.

Considerou, filosófico:

– Para perdoar, o ofendido precisa nascer de novo, não no tempo do ciclo reencarnatório, mas sim no segundo seguinte a cada ofensa. E isso todos nós podemos desenvolver, se tivermos a capacidade de implantar em nossa vida um comando mental de perdoar, e perdoar sempre. A prece diária, e para quem quiser e puder até mais de uma vez por dia, é a senha infalível a essa conquista!

Foi-lhe perguntado:

–No auge da dor, física ou moral, onde buscar forças para superá-las, não reagir e docemente perdoar o ofensor?

A pergunta trazia, em si, ironia e verdade. Difícil a resposta, pois. Mas o orador não se perdeu:

– A resposta completa é o exemplo dado por Jesus no Gólgota!

Todos entenderam.

Mas o orador adjuntou:

– Para nós, ainda com limitações de todo gênero, só a oração e a vigilância, constantes, poderão nos fortalecer nos momentos em que nos sentirmos injuriados. Saber calar palavras de ácida réplica e expulsar pensamentos, sejam de desforra ou ofensa – eis duas vitórias contra reações consideradas normais no patamar moral em que ainda se encontra a humanidade.

Complementou:

– O amor e a caridade, muitas vezes consubstanciando perdão das ofensas, promovem àquele que os pratica indizível sensação de paz interior, como que tirando o homem das agruras terrenas levando-o a estagiar nas planícies siderais.

Já indo para o fim a exposição, foi feita ainda solicitação ao orador:

– Senhor, comente, por favor, algumas reflexões sobre as chamadas "reuniões públicas" que acontecem nos centros espíritas.

– Não podemos deixar de assinalar aqui o benefício das palestras cristãs: o orador espírita, estudioso e sincero, promulga em vários ambientes, para diversos auditórios, lembranças dos ensinamentos e exemplos de Jesus e quase sempre os complementa com ensinos repassados pelos espíritos amigos. A platéia que o ouve, seja de dez ou de mil pessoas, sequer suspeita que aquele devotado companheiro não fala apenas para os encarnados... Vezes há em que, e é justamente isso que ocorre, o número de desencarnados é muito maior que o de encarnados, trazidos aqueles por benfeitores, os quais alicerçam a mente do palestrante, no sentido de que ele se expresse de forma a que todos os ouvintes o entendam – pelo menos, os interessados em algo aprender ou recordar.

Parando por alguns momentos, logo seguiu:

– Se na Terra houvesse um registro de quantos benefícios contempla uma palestra doutrinária espírita feita nos termos que citamos, com toda certeza os encarnados de boa vontade teriam maior empenho em jamais perdê-las. Não será exagero de nossa parte comparar tais oradores com os cometas, quando "vão sucessivamente de sóis em sóis, enriquecendo-se, às vezes, pelo caminho, de fragmentos planetários reduzidos ao estado de vapor, haurir, nos focos solares, os princípios vivificantes e renovadores que derramam sobre os mundos terrestres"[12].

Com sinceridade, concluiu:

– Por caridade: não falo de mim... refiro-me aos oradores que, por sua dedicação, estudos, responsabilidade, disciplina e

12 – A citação consta do item 30 do cap. 6 de *A Gênese*, de Allan Kardec, e foi feita pelo autor espiritual no sentido comparativo. (N.M.)

sentimento de amor ao próximo, atraem os bons espíritos e assim podem ser classificados como atuais apóstolos cristãos.

Com esse humilde enunciado, o orador encerrou sua palestra.

Leo, ao deixar o recinto, pensava na citação que ouvira sobre o perdão e sobre "estágio" do homem nas planícies siderais. A alma, trazia-a em sobressalto inexplicável. Por mais que tentasse entender o que assim alcançara sua intimidade, não atinava com a causa, embora tenha passado a ter uma certeza inabalável: as palavras "perdão" e "estágio" tinham algo muito importante e relacionado com seus tormentos atuais...

Aí, raciocinou corretamente: se estágio nas planícies siderais, como disse o palestrante, proporciona paz, e ele estava vivenciando grandes desconfortos, talvez fosse porque estivesse, primeiro, afastado do perdão e segundo, estagiando mesmo em "planícies infernais".

A cada citação do palestrante Leo olhava para sua mãe, denotando surpresa e enorme espanto. Isso porque o que o orador dizia, sua mãe vinha recomendando havia semanas...

Dois dias após essa palestra, no mesmo centro espírita o nome de Leo foi novamente pronunciado, na reunião mediúnica de desobsessão, suplicando auxílio espiritual. E, em resposta, um espírito protetor informou que o infeliz processo no qual Leo estava envolvido caminhava para solução, sendo recomendado que tomasse alguns passes e que ao se deitar lesse, ao menos, uma página de *O Evangelho Segundo o Espiritismo*.

Renata, feliz ao receber essas notícias pela sua mãe, deu-se pressa em repassá-las para o namorado. Inclusive, presenteou-o com uma coleção de cinco livros, de Allan Kardec, denominada *Codificação do Espiritismo – Obras Básicas*[13].

13 – *O Livro dos Espíritos*; *O Livro dos Médiuns*; *O Evangelho Segundo o Espiritismo*; *O Céu e o Inferno* e *A Gênese*. (N.E.)

Naquela mesma noite, antes de dormir, Leo foi até o jardim da sua casa.

A noite estava resplendente e as estrelas, como que o cumprimentando, pareceram-lhe faíscar levemente... Uma delas, em particular – *Procyon*[14] –, "quase falou" com ele, pois ao contemplá-la por demorado tempo sentiu seu coração se inflamar de amor por ela, fascinado que ficou com sua branda doçura.

Estava assim meditando, em espiritual solilóquio, quando a memória lhe fez retornar aos bancos escolares, numa aula de literatura em que a professora, enaltecendo as belas sutilezas da poesia, como exemplo, colocou no quadro-negro o imortal soneto de Olavo Bilac[15], da série "Via Láctea":

Via Láctea - Soneto XIII

"Ora (direis) ouvir estrelas! Certo
Perdeste o senso!" Eu vos direi, no entanto,
Que, para ouvi-las, muita vez desperto
E abro as janelas, pálido de espanto...

E conversamos toda a noite, enquanto
A via láctea, como um pálio aberto,
Cintila. E, ao vir do sol, saudoso e em pranto,
Inda as procuro pelo céu deserto.

Direis agora: "Tresloucado amigo!
Que conversas com elas? Que sentido
Tem o que dizem, quando estão contigo?"

14 – *Procyon* ou Prócion, estrela alfa da constelação do Cão Menor, uma das mais brilhantes do céu. Na Bandeira Brasileira pode ser identificada como a representante do Estado do Amazonas. (N.E.)

15 – Poeta parnasiano brasileiro dos mais festejados(1865-1914). (N.E.)

E eu vos direi: "Amai para entendê-las!
Pois só quem ama pode ter ouvido
Capaz de ouvir e de entender estrelas."

São instantes como esse que elevam a alma, tirando-a do plano horizontal e situando-a bem alto, no céu, junto das estrelas – e isso sem trocadilho...

Com o perfume das flores e o pio solitário de uma ave notívaga, tudo, tudo, no ambiente, induzia à contemplação e à oração.

A Lua, de propósito, mais que nunca parecia filha do Sol, pois estando em "lua cheia", seu brilho mais parecia o de um imenso farol celestial, menor mesmo só em comparação à luminosidade solar.

Leo se manteve naquele êxtase por perdidos momentos.

Quando se recolheu, viu a coleção de livros que ganhara de presente.

Apanhou *O Evangelho Segundo o Espiritismo.*

Abriu-o, aleatoriamente...

Deparou com o capítulo 12, "Amai os vossos inimigos", na página do item número 9, das "Instruções dos espíritos", com o título em negrito: A vingança.

Leo estremeceu. O texto era o mesmo lido quando foi assistir à dissertação doutrinária no centro espírita, havia poucos dias. Seria coincidência?

Ao pensar nisso, lembrou-se de que sua mãe lhe aconselhara também quase que nos mesmos termos desse item, com referência aos prejuízos advindos da vingança, bem como das benesses que o perdão oferta.

Intrigado com aquilo que lhe pareceu uma tremenda coincidência, novamente sua memória o socorreu e se lembrou de que sua mãe vivia dizendo, diante de fatos ou situações semelhantes:

"As palavras sorte, azar, acaso e coincidência, sumariamente, foram retiradas do dicionário espírita, por Allan Kardec".

Aí pensou: "então, isso que aconteceu comigo seria um milagre?"

Na mesma hora, sempre ouvindo informações armazenadas na memória, recordou-se de que Renata lhe dissera, certa vez, que os milagres são a linguagem usada por Deus, quando quer nos mostrar algo ou falar conosco.

Bem, leu e releu o texto sobre vingança, sentindo na mente que de fato ela é uma doença grave, gravíssima, cujo remédio e antídoto é o perdão.

Adormeceu sob agradável eletricidade percorrendo-lhe todo o ser.

SEIS

O imensurável bem que é a família

Sem saber que estava sonhando, Leo "acordou" em outro jardim.

Embora o local fosse totalmente desconhecido, nem por isso, ali, se sentiu um estranho. Ficou maravilhado ao contemplar a beleza das várias plantas floridas, exalando variados perfumes.

Floridos canteiros, repletos de girassóis e dálias, sempre "olhando" para o Sol.

De repente, quase que sem expectativa alguma de encontro com quem quer que fosse, chegaram-lhe aos ouvidos os sons dulcíssimos de um coral infantil. Voltando-se para a direção de onde vinham os sons, emocionou-se mais ainda ao ver um grande grupo de crianças, todas trajando brancos uniformes, tendo um lindo bordado azul nas blusas: uma estrela, que no mesmo momento ele imaginou que era aquela que ainda havia pouco contemplava...

As crianças foram justamente em sua direção.

Quando se aproximaram, dirigiram-lhe um olhar de amizade e de felicidade.

Toda a sua alma se viu envolvida pelo calor de incomparável bem-estar jamais sentido. Nunca poderia explicar como é que, também de repente, lágrimas irromperam e banharam-lhe copiosamente as faces.

Só o amor mesmo pode proporcionar momentos assim.

Jovem e bela maestrina orientava carinhosamente as crianças – nem monitores ou guias, só ela. No entanto, deslocavam-se em plena harmonia e cantando, absolutamente afinadas. Passaram por ele e logo Leo captou para onde se dirigiam: um prédio enorme, formato circular, portas largas e que estavam abertas. Aí viu que muitas outras pessoas, adultas, entravam naquele majestoso edifício, ornado de frondosas árvores, cercando-o.

O grupo infantil já estava algo distante de onde se encontrava, imóvel, quando novo acontecimento brindou-lhe o coração: uma menina daquele coral, aparentando uns seis ou sete anos, voltou-se para trás e com grande suavidade no gesto, pôs a mãozinha sobre o lado esquerdo do tórax e depois nos lábios, endereçando-lhe um beijo, que junto levava seu coraçãozinho.

Leo, comovido, sentiu que estava recebendo uma mensagem e um convite. Sim, um convite, para também ele ir até o prédio e nele adentrar.

Foi o que fez.

À entrada, uma faixa luminosa dizia: "Jardim dos Girassóis e das Dálias".

Ficou ainda mais deslumbrado ao perceber onde estava: numa espécie de anfiteatro, onde mais ou menos trezentas pessoas já estavam acomodadas.

Amplas janelas deixavam à mostra que nos largos parapeitos havia dezenas, centenas, de pés de flores, doando perfume, que uma brisa suave se encarregava de trazer para o interior.

Antes de se acomodar, como os demais, olhou para o teto e pareceu-lhe que estava numa sessão de planetário, em noite de céu estrelado.

"Estranho"..., pensou, "lá fora é dia e aqui dentro é noite..."

O coral infantil estava posicionado no palco, ainda entoando suave hino, cuja letra lembrava tema sobre a vida de Jesus – José e Maria embalando o menino.

Decorridos alguns minutos, durante os quais Leo se sentiu como que flutuando numa atmosfera de paz, um casal de anciãos adentrou no palco, vindo de uma abertura lateral. Ambos deixaram todos em enlevo, pois pareciam iluminados por dentro, tamanha a luminosidade que lhes emoldurava. Leo sentiu uma inexprimível emoção quando os viu.

Assentou-se o casal, aguardando as crianças concluir o canto do hino.

Então, tomando a palavra, a venerável senhora dirigiu sentida prece a Deus, rogando as bênçãos para todos ali e para a humanidade. Disse, a seguir:

– Irmãos queridos do meu coração. Jesus esteja conosco e nós saibamos estar com ele. Nossa reunião visa proporcionar a todos os presentes alguns momentos de reflexão.

Fazendo ligeira pausa, prosseguiu:

– Nossa gratidão volve a Deus nosso ideal de sermos filhos que compreendem a responsabilidade da vida. Assim é que louvamos a bênção incomparável que é a família.

Olhou para o teto, como se dirigisse o olhar para o céu e continuou:

– A família, presente divino tantas vezes dado a todos nós, em nossos multiplicados mergulhos na área das atividades físicas é, talvez, a nossa mais deslembrada, por menos aproveitada, das oportunidades evolutivas.

Sempre com pequenas paradas, continuou a "iluminada" mulher:

– Somente a sabedoria divina poderia mesmo engendrar tão abençoado programa de vida, reunindo sob o mesmo teto pessoas que necessitam, com urgência, aprender e praticar, primeiro, a conviver educadamente; depois, tolerar; a seguir, entender que ninguém é perfeito; aí, então, não será difícil optar pela prática constante do perdão. Quem trilhar esse roteiro estará apto a gozar das benesses de ser integrante da grande família que é a humanidade

Enumerou perguntas que ela própria se encarregaria de responder:

– Como poderia se reequilibrar um homem ou uma mulher que ao deixar a vida terrena nela tivesse deixado uma desvairada paixão, principalmente se mal-resolvida? E, ao dizermos "mal-resolvida", referimo-nos ao fato de que a paixão fora do eixo da responsabilidade não é amor e tende a desestruturar a vida das almas dela cativas, mesmo estando uma desencarnada e a outra encarnada...

– Como livrar de angústias infernais alguém que, ao morrer, estivesse levando para a pátria espiritual o trauma de uma ou várias ingratidões, perpetradas justamente por pessoas às quais houvesse tanto ajudado ou amado – amigos ou principalmente familiares?

– E o que dizer dos sentimentos de ódio e geralmente de vingança que se agregam às vítimas de homicídios, estes cometidos por qual razão seja? Como reaproximar o que morreu – mas que continua vivo na espiritualidade –, daquele que permanece na romagem terrena?

– Imaginem – apenas imaginem – como é que alguém extremamente orgulhoso a ponto de rejeitar o filho que ao nascer já seja inválido por deficiências congênitas, há de sofrer cruel remorso quando a morte o conduzir de volta à espiritualidade. Ao chegar no ajuste de contas com a consciência, compreender que aquela foi perdida oportunidade de ouro para resgatar pesada dívida cujo filho, agora incapaz, em vida anterior, teve seu aval em monstruosidades do comportamento?

– Para o mais cruel de todos os crimes – o aborto –, pensem um instante na desestruturação mental e nos sentimentos que se instalam naquele que deveria nascer, mas que tenha sido vilmente impedido? E aqui, se me permitem, não estamos nos referindo à mulher grávida, mas aos não raros co-partícipes, pois nunca tal monstruosidade é perpetrada a sós, mas também pelo quase-pai, por familiares do casal, além dos agentes manipuladores e, finalmente, por que não dizer, parte da própria sociedade?

Olhou demoradamente para a grande platéia e convidou:

– Raciocinem comigo: todas esses espíritos, onde quer que seu grau evolutivo os situe no plano espiritual, com toda certeza estarão levando consigo robustas mágoas, quando não, crescentes idéias de vingança. Nesses dolorosos quadros, que representam apenas minúscula porcentagem da realidade terrena, qual sistema, processo ou mecanismo teria a magia de substituir esses sentimentos tão maléficos pelo amor verdadeiro?

Leo notou que a platéia estava extática, clima íntimo que ele próprio vivenciava. Jamais ouvira questionamentos tão lógicos e ao mesmo tempo tão rotineiros no panorama humano.

Ele e os demais intuíam e aguardavam, com crescente ansiedade, que aquela mulher tão "humana" apresentasse respostas às próprias perguntas.

E ela não as fez tardar:

– Amigos queridos, falo de coração a coração, nada podendo ensinar, nada recomendando, mas sim convidando a todos a ouvirem a voz do Mestre Jesus quando, na pessoa de Pedro, na verdade, conclamou toda a humanidade a perdoar e perdoar sempre.

Com serenidade e cada vez tendo a aura mais brilhante, seguiu:

– Não há cenário em toda a Terra, nunca houve nem jamais haverá, mais propício ao exercício do perdão do que o ambiente familiar. Sim, sim, é na humildade de um casebre ou o mais das vezes na suntuosidade das mansões que o perdão encontra incontáveis chances diárias de se irmanar à atmosfera do lar, pobre ou rico.

Fechou os olhos por alguns instantes, como que mergulhando em recordações. Seus olhos brilharam mais e duas lágrimas rolaram. Respirou fundo e transmitindo inaudita certeza exclamou:

– Família! Bênção que só mesmo Deus poderia engendrar! Em ti amores perdidos se reencontram, para reciprocamente vivenciarem as mais puras nuanças do bem-querer. Lar: ventura suprema que reúne afetos ou desafetos, tendo por teto o céu, a terra por piso, por fronteiras o mar, as montanhas, as florestas e os rios!

Em verdadeiro êxtase elucidou:

– Saibam todos os que me ouvem que é isso mesmo que a família proporciona: reaproximação de espíritos que um grande amor uniu, os quais julgavam que a morte os havia separado para sempre, no espaço e no tempo; ou, na vertente oposta, a reencarnação, no palco pacificador da família, reúne espíritos que se julgavam igualmente para sempre enlaçados nas teias da vingança, ora ferindo, ora sendo feridos, em sinistra solução de continuidade... Neste último caso, tais são os retratos da vida, quando os pais recebem filhos, de início com tanto desvelo, filhos esses que, na adolescência, juventude ou maturidade, criam e são os atores de dramas nos quais a ingratidão pontifica, deixando atônitos uns e outros ante a cobrança de velhas contas que a memória sepultara...

Com muita propriedade seguiu:

– A mãe que ama ao filho – e o amor materno ocupa alto grau na escala das diversas faces do amor integral – essa mãe, pela bênção do esquecimento do passado, pode estar acolhendo alguém que numa outra vida tenha com ela um acerto de contas passional em aberto... Da mesma forma, o pai, que sustenta os filhos dando-lhes segurança e amor, pode também estar se quitando diante de cobradores... Pais, ainda, que tenham maior inclinação afetiva por este ou por aquele filho ou filha, podem estar sendo beneficiados pela família, no caso implodindo paixão residual, substituindo-a por amor paternal/maternal/filial... Nos cenários angustiosos de réus e vítimas, os laços familiares reunindo-os numa nova existência física na inevitável convivência das paredes de um lar, muita vez expressam tempo de reajuste, objetivando diluição de ódios recíprocos... O mesmo se pode imaginar do patrão que acolhe e emprega tantos empregados: não estaria justamente se ressarcindo de descaminhos profissionais que tenha trilhado em vidas anteriores, prejudicando famílias inteiras?...

Indo já para o fim das suas reflexões sobre a família, lecionou:

– O leque de inter-relacionamento familiar vai ao infinito e tais são as raízes profundas ou expostas que a maravilha da reencarnação explica com lógica e bom senso, porque enaltece a justiça divina. Não precisamos nos alongar. A família, encerrando em si mesma a sublimidade da reencarnação é, sem nenhuma dúvida, de todos mecanismos terrenos postos por Deus à disposição da criatura humana, senão o mais bem elaborado, certamente o mais justo de todos. Sejamos filhos gratos ao Pai!

Instantes antes do final de suas palavras, brincou com os presentes:

– Lembrem-se todos vocês de que estão numa família e que a breve tempo dela sairão para irem formar outra: as flores não brigam jamais... vejam os girassóis e as dálias e me digam se há possibilidade de algum dia virem a se desentender... Noivos: sejam girassóis! Noivas: sejam dálias!

Nesse momento, Leo, enlevado, pensou fortemente em Renata... "ah!, como seria bom se ela estivesse ali, bem ao lado dele...". Duas lágrimas visitaram-lhe os olhos.

Leitores, todos: que neste momento lhes marque na alma a certeza de que não há prece sincera sem atendimento. A prece extrapola os sentidos físicos...

Quando aquela augusta mulher encerrou seus comentários, fez um breve e carinhoso gesto para o coral infantil. As crianças, então, entoaram outro hino, também sobre os ensinamentos de Jesus.

Comovendo a todos, dizia o hino que Jesus nos acompanha desde nosso nascimento e que nunca nos deixará ao relento do amor.

A seguir, as crianças deixaram o recinto com disciplinada e bondosa postura, acompanhadas da bonita jovem que as orientava.

Ao passarem por perto de onde estava Leo, aquela criança que sorrira para ele e o agraciara com o arremesso de um terno beijinho, voltou a encará-lo. Ele, ainda uma vez, surpreso com a atitude manifestamente deliberada da menina e sob o clima da magnífica palestra, deu-se conta de que lágrimas ocultas vieram à tona, molhando-lhe as faces.

Aos poucos, a platéia foi deixando o salão.

Leo, sem arredar pé de onde estava, pôde então observar melhor quem eram os ouvintes: casais de jovens, na maioria. Concatenando essa reflexão com o que acabara de ouvir, não houve dificuldade em deduzir que ali estavam pessoas prestes a formar famílias.

Pensou: "Seriam noivos, todos esses que aqui estiveram? Ou será que já estão casados?" Refletiu ainda: "Se são casados, deve ser há pouco tempo, já que são jovens..."

Estava mergulhado nesses pensamentos, divagando daqui para ali, quando uma grande, uma imensa dúvida o assaltou: "E eu, por que vim aqui?"

Qual canoeiro que de repente, inexplicavelmente, se vê pilhado em mar alto e diante de uma onda gigantesca, começou a sentir terrível temor, pois para si mesmo formulou novas angustiosas perguntas: "Quem será essa menina, quem era aquela mulher que tinha luzes por dentro e, aliás, quem me trouxe? Como é que cheguei a este recinto?"

Não encontrando pronta resposta para nenhuma daquelas indagações, em fração de segundo foi acometido de pânico. Agora já não era mais senhor dos seus atos ou raciocínio e por isso não se decidiu se saía ou se ficava ali.

Mais uma vez, feliz lembrança salvou-o daquele tormentoso embaraço: recordou-se dos conselhos da sua mãe, no sentido de que, quando diante de algum perigo, pronunciasse a palavra "Jesus", com fé e pureza de pensamentos.

– Jesus! – balbuciou, trêmulo dos pés à cabeça.

No mesmo instante, algo tremendamente inesperado aconteceu: um casal, dos muitos que ali estiveram, aproximou-se dele. Ficou paralisado ao ver os dois: eram, por incrível mistério, a "179/2" (Daniela) e o seu namorado (Diógenes). Estavam de mãos dadas, com expressão de encantamento que só visita os apaixonados...

Foi a jovem, grávida, que lhe dirigiu a palavra, demonstrando que também ela estava surpresa em vê-lo:

– Você, aqui?!

O namorado dela, com pequeno constrangimento, também se dirigiu a ele:

– Nós já nos conhecemos também. Pena que em circunstâncias tão desagradáveis, não é mesmo?

– Sim... sim... – respondeu Leo.

A jovem, outra vez tomou a iniciativa, agora para explicações daquele encontro:

– Eu e Diógenes vamos nos casar...

– Meus Deus! Que bom! Então fizeram as pazes?

– Quase... por enquanto. No momento, tudo está se encaminhando para nossa reconciliação – disse Diógenes, com expressão de felicidade.

– Se Deus quiser! – complementou Daniela.

– E como foi isso? – perguntou Leo.

A futura mãe se adiantou:

– Outro dia fui a um centro espírita ouvir uma palestra e o tema foi o perdão das ofensas. Saí de lá disposta a perdoar o Diógenes, independentemente de ele assumir ou não a paternidade do nosso filho.

– Um centro espírita?!

– É. Por que o espanto?

– É que eu também estive outro dia num centro espírita no qual o orador falou do grande equívoco que é a vingança.

Lançando mão da inequívoca intuição feminina, Daniela conjeturou:

– Isso mesmo! Estou quase adivinhando que antes da palestra desse orador alguém leu um trecho de *O Evangelho Segundo o Espiritismo*, item A vingança, do capítulo "Amai os vossos inimigos"[16].

– Sim! Sim!

– Então é bem provável que tenhamos estado no mesmo lugar e hora e não nos vimos, ou melhor, pode ser até que tenhamos visto um ao outro, mas não nos reconhecemos.

Objetiva, Daniela tocou no ponto nevrálgico do conhecimento dela com Leo:

– Sabe aquela loucura do "Pavilhão das justas causas"?

Ao ouvir isso Leo se contraiu.

Daniela seguiu:

16 – *O Evangelho Segundo o Espiritismo*, capítulo 12, item 9, Petit Editora. (N.E.)

– Notei que você tem faltado às últimas reuniões...

Leo se viu acometido de forte mal-estar.

A jovem, ignorando o efeito de suas palavras, arrematou:

– Quando vi as terríveis ameaças de Justus contra sua deserção, tendo ele ameaçado igualmente a todos os que o ouviam, comecei a pensar que aquilo tudo era um monumental engano. Que todos nós, sem exceção, estávamos ali como caranguejos atolados no charco.

Corrigiu-se:

– Com a diferença de que os caranguejos foram assim criados pela natureza e têm defesa própria para sua tarefa naqueles lugares. E nós, os seres inteligentes da criação? O que poderia justificar nosso deliberado mergulho na viscosa e traiçoeira lama da vingança?

Diógenes olhava Daniela com exaltação, num misto de admiração e amor.

E ela prosseguiu suas reflexões, que de fato caíram na mente de Leo como a tal onda se esboroando numa frágil canoa.

Dir-se-ia que todas as construções psicológicas de Leo estavam desabando, uma a uma. Mergulhando o pensamento nos tenebrosos encontros e ações que presenciara e de que participara, sob comando de Justus, caiu em si, de vez: integral, na mente, a implosão de seus planos de vingança.

Num gesto que a alma comandou e o corpo obedeceu, indiferente às regras da etiqueta, Leo, quase de um salto, com emoção e afetividade abraçou e enlaçou o casal. Havendo reciprocidade, assim permaneceram os três, por perdidos momentos. Novas lágrimas que teimavam em surgir sem aviso, dessa vez deram-lhe alegria: não chorava só, choravam os três. Choravam de felicidade!

Não lhes foi – nem seria mesmo – possível captar que um quarto espírito também se manifestou, ou melhor, vivenciou um imenso júbilo: o filho de Daniela e Diógenes. Sim, nesses últimos momentos, desde que seus futuros pais se encontraram naquele sítio, motivados a pacificar a convivência, cessou o crônico desconforto que ele vinha registrando no abrigo uterino, que mais parecia um ambiente poluído, pela reverberação do propósito vingativo da sua mãe. Agora, com a nova disposição materna de trilhar pelo perdão, toda a produção hormonal e transferência de energias para o futuro bebê deram-lhe paz e grande bem-estar.

Somando energia e boas vibrações aos bons propósitos pacificadores dos dois "requerentes" do infeliz grupo "179", igualmente Diógenes ali mesmo se dispôs a reconstruir o prejuízo que causara, por irresponsabilidade (com Daniela) e por invigilância (com Ambrósia, a enfermeira-chefe).

Aqueles momentos assinalavam a jamais deslembrada assistência dos bons espíritos a todos aqueles que, encarnados ou desencarnados, disponham-se a ouvir a consciência e principalmente a ter a coragem de retificar equivocada rota moral. E ali, três encarnados estavam sinceramente imbuídos desse propósito.

Leo olhava admirado a colega, que, assim como ele, havia pouco tempo alimentara na alma insano propósito vingativo, agrupando-se a outros equivocados companheiros. Reparou que agora ela já não ostentava aquela horrível faixa vermelha nas vestes superiores.

Com efeito, Daniela apresentava olhar sereno, próprio das criaturas que estão em equilíbrio. Contudo, se ela estava calma e se postava com serenidade, a verdade é que sua consciência mais parecia um desses estridentes alarmes residenciais que disparam de períodos em períodos.

É que, no coração da futura mãe, o amor tomara dois assentos: um, pelo filhinho que ia nascer e outro, pelo arrependimento de ver Diógenes em situação desconfortável, sendo ela a responsável. Desde que ouvira a palestra no centro espírita, sobre a justiça divina, recomendando a prece para que aprendesse a perdoar ao invés de se vingar, não conseguira mais se assossegar.

De fato, quando ouviu aquela abençoada palestra (sobre a "Justiça divina"), passou a orar muitas vezes, pedindo a Deus que a ajudasse a aprender a perdoar... E agora suas preces foram ouvidas: tão fervorosas foram que obtivera a graça de participar de ações que iriam ajudá-la a reverter o mal que causara. Desdobrada pelo sono foi que se encontrou com Diógenes, igualmente desdobrado.

Ficaram ambos frente a frente, despidos de todo o artificialismo inócuo da denominada "etiqueta social", já que no plano espiritual os espíritos têm aguçados os sentidos, além de assimilarem o teor vibratório, uns dos outros, identificando, de pronto, a qualidade dos fluidos emanados por aqueles com os quais comungam, e da mesma forma com os quais antipatizam.

Essa é a sistemática infalível da sintonia, que voltamos a referir, age tanto para os amigos quanto para os inimigos.

Diógenes, também, ao ser demitido, e de forma tão tumultuada, entrou em grave crise de depressão, fruto de uma surda revolta, ante o inesperado. Nem ele próprio saberia explicar como é que agira de forma tão equivocada.

Seus pais o apoiaram, mais uma vez, não permitindo que se entregasse às sugestões obsessivas indutoras a chafurdar-se no alcoolismo, ou na fuga da realidade pelos tóxicos ou de mergulhar no sexo desvairado. É que a estrutura moral que recebera no lar funcionou como vitorioso escudo às investidas do mal. Mas não o livrou de um profundo abatimento. Por vários dias esteve apático, sem apetite, desanimado até para praticar esporte, que era uma das suas maiores alegrias. Cursava faculdade de agronomia, mas estivera desinteressado até das aulas.

Essa situação anormal não passou desapercebida dos seus pais.

E foi o pai, Ramiro, que o chamou para um passeio:

– Diógenes, meu filho, venha comigo. Precisamos conversar.

Ele nem recusou nem se mostrou animado a um diálogo. Não obstante, assim mesmo seu pai levou-o a uma caminhada. Andaram um bom pedaço em silêncio, estando Ramiro em oração, pedindo ajuda do Alto. Que logo veio:

– Eu e sua mãe somos agradecidos a Deus por nos confiar um filho como você. A sua felicidade é a nossa também. Da mesma forma, sua tristeza passa a ser dividida conosco.

Respirou fundo e prosseguiu, em tom ameno:

– Temos notado que desde que perdeu o emprego você anda abatido, nem se alimenta direito, tem tido um sono intranqüilo...

– É, pai, não é fácil ficar desempregado... e ainda mais do jeito que as coisas aconteceram. Então você viu que eu não tenho dormido direito?

– Vimos sim, eu e sua mãe. Concordo que não é fácil encarar uma demissão, mas também não é motivo para esse tipo de reação na qual você se fixou. Convidei-o para este passeio porque tenho uma coisa muito importante para falar com você.

Diógenes permanecia sem interesse naquele passeio e no diálogo com o pai, apenas acompanhando-o por respeito filial. Contudo, tal impassibilidade logo o deixaria, pois Ramiro pronunciou uma única palavra:

– Daniela...

– O que tem ela a ver com meus problemas?!

– O que tem? Meu filho, tem tudo. Eu vou fazer uma confissão...

– Confissão?!

– Pois é: quando ficamos sabendo que ela estava grávida e que você era o pai da criança, tanto eu quanto sua mãe cometemos um grande, um imenso erro.

– O que foi que vocês fizeram?

– Ficamos do seu lado, ou melhor, e me perdoe, ficamos do lado da sua irresponsabilidade.

– Pai, é incrível você me falar dela... eu nem sei o que dizer, mas tem uma coisa que anda me esquentando a cabeça...

– Fale para seu pai o que é.

– Nestes últimos dias tenho pensado muito e imagino que Deus me castigou, justamente por causa da Daniela.

– Diógenes, meu filho, quantas vezes eu já lhe disse que Deus não castiga ninguém?

– É verdade, muitas vezes, e também que Deus não distribui prêmios...

– E então?

– Mas é muito difícil eu não associar o meu problema com o problema dela. Até parece que eu cometi um crime e fui punido por isso.

– E o que você pretende fazer?

– É isso que vem fazendo minha cabeça ferver. Quero achar um jeito de reparar algum mal que eu tenha causado à Daniela...

– Por Deus! Era exatamente isso que eu ia pedir para você: procurá-la e reatar o relacionamento de vocês.

– Isso é tão difícil, tão difícil...

– Nada é difícil para aquele que se coloca ao lado da verdade!

Fazendo pausa e caminhando mais um pouco, Ramiro considerou:

– Deus tem incontáveis e sábias formas de amparar os arrependidos.

Diógenes ainda se lamentou:

– Tem outra coisa, pai, que eu não contei para você e para a mãe...

– O que é? Pois aproveite e conte agora, se quiser.

– Fui despedido porque agi de forma infeliz com dona Ambrósia...

– Como assim?!

– Nem eu mesmo sei como é que foi acontecer uma coisa daquelas: em plena noite, ambos de serviço, eu e ela, fiz-lhe uma proposta infeliz. O pior de tudo é que eu tenho a nítida impressão de que não era eu que estava fazendo aquilo.

– Então foi essa a causa pela qual você foi despedido?

– Foi. E ela apresentou queixa na polícia contra mim...

– Meu Deus! Como você não me contou nada, até hoje?!

– Não quis atormentar nem você nem mamãe. O delegado me chamou alguns dias depois e me passou um grande sermão. Inclusive, confessei a ele que estava arrependido e disse também que eu nem sei como é que faltei com o respeito, até parecendo que eu era outra pessoa...

– E o que foi que o delegado decidiu?

– Quando eu falei isso, ele resmungou: "hum... interferência astral da pesada..." e depois me fez prometer que teria mais cuidado e aí me liberou.

– Você teve sorte de encontrar uma autoridade espírita... E agora, uma primeira ação redentora de sua parte é ir pedir perdão à senhora Ambrósia. Diga a ela o que você acabou de me dizer.

– Tenho receio de sequer ser recebido...

– Não receie. Se sua intenção é sincera, Deus, que conhece nossos sentimentos, proporcionará um meio de tudo acabar bem. Uma forma infalível de você contar com as forças sublimes do bem é fazer uma prece sincera antes de ir procurar aquela senhora.

Justus houvera determinado aos dois pretores que se mantivessem junto de Daniela por alguns dias, aguardando ordens, se possível nas vinte e quatro horas de cada dia. Isso porque houvera percebido, nas últimas reuniões no "Pavilhão das justas causas" que a jovem grávida vinha sinalizando alguma fraqueza. Por sua grande cultura sabia que, de fato, as mulheres prestes a serem mães tornam-se mais sensíveis e preocupam-se inteiramente apenas com isso.

Mas, embora isso seja verdade quase sempre, com referência a Daniela ele estava enganado: desde que ela ouvira a palestra doutrinária sobre o perdão, já não conseguia trazer no coração a mesma vontade de ver a derrocada de Diógenes.

Comprovante tácito do largo alcance de uma palestra espírita nos é dado pelo seguinte fato: os dois auxiliares de Justus, espíritos não de todo maus, apenas eclipsados pela nefasta influência hipnótica do seu chefe, cumprindo as ordens dele procuraram se postar ao lado de Daniela, noite e dia. Mantinham-se à espreita do lado de fora da casa, pois jamais conseguiram adentrar. É que a casa se mantinha guarnecida de invisível, mas fortíssima, defesa, qual se ali estivesse instalada cerca de altíssima voltagem.

Por isso, na verdade, não conseguiam manter presença integral todas as horas do dia porque, inexplicavelmente, algumas vezes eram afastados por mão invisível e só podiam permanecer nas proximidades... Isso acontecia nos momentos de prece, não só dela, mas também de seus pais em favor da filha, na feliz expectativa da chegada do neto.

Pois bem: no dia em que Daniela saiu com seus pais, os dois pretores seguiram com a família para se certificar de onde iam. Pois que essa não tinha sido a ordem expressa de Justus?

Qual não foi a surpresa dos dois pretores quando a família chegou ao destino: uma construção de tamanho médio, simples, onde já estavam muitas pessoas e outras chegando. Notaram, em segunda surpresa, que aquela casa parecia ter uma luz em cada tijolo, pois toda ela estava iluminada, por dentro das paredes.

Antes de entrar naquele prédio Daniela parou por alguns instantes e olhou para o céu. Os dois pretores também olharam. Essa foi a terceira surpresa para eles, ocorrida as três em menos de dois minutos: lá no alto brilhavam estrelas e a noite era serena. Mas, como se chovesse só em cima do tal prédio, pequenos flocos de luz caíam no telhado e penetravam no recinto! Uma chuva de luz!

Dentro do coração dos dois alguma coisa falou mais alto do que o motivo pelo qual estavam ali. Uma inesperada e há muito tempo deslembrada paz invadiu-lhes a mente. Sem que pudessem explicar, de forma absolutamente inesperada, lágrimas ardentes molharam suas faces. Foi quando dois rapazes aproximaram-se. Sem que pudessem explicar, sabiam que, assim como eles, também não mais tinham o corpo físico. Com olhar carinhoso, exalando fraternidade, abraçaram os dois, logo se revezando naquele abraço amigo.

Tal gesto também era acontecimento cuja última vez se perdera na memória deles. Aí, envolvidos naquela aproximação tão boa, sentiram o que é experimentar a paz, na plenitude, embora por poucos segundos.

Os rapazes os convidaram para entrar:

– Sejam bem-vindos, meus irmãos, essa casa é do nosso maior amigo!

Os dois se entreolharam, pois súbito brotou-lhes suspeita de que alguma coisa ali não se acomodava à sua tarefa. Seria aquela uma outra casa de Justus?

Mas, vendo que Daniela já entrara, resolveram aceitar o convite.

Antes de entrar, contudo, um dos pretores questionou:

– Maior amigo? Quem é? Seria essa casa do nosso chefe?

– Não, essa casa não é dele. É de alguém que recomenda que só Deus legisla e que todas as Leis Divinas visam exclusivamente ao nosso bem.

– Quem é esse tal?

– Jesus!

Ambos os infelizes espíritos, ao ouvir o sagrado nome do Mestre dos mestres, sentiram que no cérebro ocorrera uma mini-implosão, pois no mesmo instante veio-lhes à memória a lembrança da sua distante meninice e de suas mães. Lembraram-se, sim, de quem era Jesus: o salvador do mundo, Aquele que descera do paraíso para ensinar os homens a se amarem.

Antes que outras lágrimas viessem a "envergonhá-los" mais ainda por estarem chorando, e, pior, na presença de estranhos, os dois rapazes, com gentileza, os conduziram para o interior do prédio.

Adentraram. Numerosas pessoas oravam, em clima de muita harmonia.

Sentiram uma agradabilíssima eletricidade os envolver e no mesmo instante um desconhecido êxtase os visitar, da cabeça aos pés.

E então, jamais sonhada quanto sublime surpresa os alcançou: com efeito, dois focos luminosos logo vieram em sua direção. Dentro daqueles focos perceberam haver a silhueta de alguém.

Ajoelharam e instintivamente baixaram o olhar.

Quando aquelas pequenas nuvens luminosas se aproximaram ouviram duas vozes exclamar com doçura, dirigindo-se em uníssono a eles:

– Meu filho!

Ergueram os olhos e viram suas mães!

Sem a menor condição de articular palavra, logo foram erguidos por elas, que os beijaram na face com carinho pleno.

Também eles a uma só voz exclamaram:

– Mãe!

Um dos dois espíritos se adiantou e logo disse, dirigindo-se aos dois:

– Deus permitiu que nós nos encontrássemos nesta abençoada casa de oração e é isso mesmo que devemos fazer, até para não perturbar a tranqüilidade deste ambiente.

Aquelas duas mães – espíritos evoluídos –, que havia tempos vinham rogando a Jesus que tirassem seus filhos da equivocada trilha em que se encontravam, só agora puderam se aproximar deles, pois o livre-arbítrio de ambos estava indene ao tirânico poder hipnótico de Justus.

Nesse instante, foi iniciada a leitura de um trecho do capítulo 10 de *O Evangelho Segundo o Espiritismo* – "Bem-aventurados os misericordiosos".

A pessoa encarregada da leitura recitou em voz pausada e clara:

"É permitido repreender os outros?"

"... cada um de vós deve trabalhar para o progresso de todos e principalmente para aqueles cuja proteção vos está confiada. Mas isso é uma razão para o fazerdes com moderação, com um objetivo útil, e não como se faz, na maioria das vezes, pelo prazer de desacreditar. Nesse último caso, a repreensão é uma maldade. No primeiro, é um dever que a caridade manda realizar com todos os cuidados possíveis. E mais ainda, a repreensão que se lança sobre os outros deve ao mesmo tempo se dirigir para ver se não a merecemos também."

A seguir foi feita prece para abertura da reunião e logo a palavra foi passada para uma palestrante que discorreu sobre o problema do ser humano de se autoproclamar júri, juiz e carrasco...

As mães dos dois pretores se mantiveram atentas à palestra doutrinária, dispensando aos filhos suaves carinhos.

Aqueles dois sofridos espíritos vivenciavam momentos de felicidade e sem que pudessem evitar realizaram um retrospecto de como vinha sendo sua vida.

Não era nada boa a análise do que vinham fazendo: justiça pelas próprias mãos e, pior, com pessoas que não conheciam, que em nada os havia prejudicado. Algumas inevitáveis perguntas visitaram o cérebro deles, agora momentaneamente livres da nefasta hipnose: "A troco de quê estamos perturbando tantas pessoas? O que elas nos fizeram para merecer nossa agressão? E o que temos ganhado com isso?"

Como se ouvissem seus pensamentos, as mães olharam ternamente seus pupilos e, com gestos amenos, como que responderam às perguntas:

– Filhos do coração, façam isso mesmo, meus filhos! Saiam desse roteiro infeliz! Busquem o arrependimento sincero e orem a Jesus! Só assim vocês poderão novamente se encontrar com nós duas, para que possamos ajudá-los".

Quando a palestra terminou e as pessoas foram se retirando, eles não quiseram sequer se mover de onde estavam. Não tinham a menor vontade, nem de seguir Daniela, nem de voltar para o "Pavilhão das justas causas".

Com beijos de muita candura, que só deram mais bem-estar aos filhos, os dois espíritos maternos se despediram deles, prometendo que só com preces vindas do coração deles poderiam novamente se reencontrar.

Lágrimas explodiram no peito dos dois pretores e molharam suas faces, agora transfiguradas, pois irradiavam expressão que só visita aqueles dispostos à auto-regeneração.

Nisso, os dois rapazes que os recepcionara na entrada se achegaram a eles e iniciaram proveitoso diálogo, esse a viva voz:

– Então, gostaram?

Chorando, outra vez algo envergonhados, nao conseguiram responder.

Sentiam-se criminosos.

– Temos uma generosa oferta a fazer-lhes.

Essas palavras amenizaram o sufoco dos dois pretores e ao mesmo tempo despertou-lhes o interesse.

– Sabemos de onde vocês vêm e por que estão aqui. Mas, graças a Deus, pudemos notar que a caridade de Jesus se apresentou aos dois, trazendo-lhes a sublime companhia de suas mães.

Os dois pretores tinham já uma inarredável decisão: não retornariam ao "Pavilhão das justas causas", pois só agora identificaram que era de lá que vinha todo o mal que lhes afligia a alma.

Como os dois rapazes haviam feito a oferta de algo, talvez pudessem permanecer por ali mesmo...

Ambos pensavam que nada mais os surpreenderia, pois na mente deles, embora as perguntas dançassem daqui para ali, as respostas chegavam aos seus sentidos, vindas do nada.

Não se enganaram quanto às expectativas de permanecer ali, pois logo os dois rapazes lhes disseram:

– Permaneçam por algum tempo por aqui, como hóspedes-aprendizes. A breve tempo poderão voltar para junto do seu chefe, mas numa outra condição, pois uma grande modificação deverá ocorrer por lá...

Assustados, os dois pretores perguntaram quase ao mesmo tempo:

– O que vai acontecer?

– Deus, na sua infinita misericórdia, ao elaborar as leis que regem o progresso espiritual, colocou um parágrafo que determina que quando um rebelde não se emenda é chegada a hora da mais eficiente das professoras ministrar-lhe uma caridosa aula.

– Como assim? Professora? Qual professora? E que disciplina ela leciona?

– A professora é a *dor* e a disciplina da sua especialidade é a pedagogia do arrependimento, seguido do remorso e coroado da reparação do mal até então praticado. Já no início desse curso, o rebelde tem cassado o livre-arbítrio e entra em ação a inexorabilidade do programa a que estão destinados todos os filhos de Deus.

– Programa dos filhos de Deus?

– Sim: evoluir!

– Como é que acontece tudo isso?

– Pela continuidade permanente da reforma moral, a qual só ocorre pela alternância dos estágios que o espírito realiza, vivendo ora um período de avaliação no plano espiritual, ora outro estágio de verificação dos aprendizados. Esse processo renovador, pelo qual passam todos os espíritos, pode ser denominado vidas sucessivas que se desenvolvem pelas multiplicadas reencarnações.

SETE

Danos da obsessão — graças da prece!

Justus vinha notando que o grupo "179" estava apresentando situação irregular, comparativamente aos grupos anteriores. Com efeito, nenhum outro grupo tivera as tochas tão amortecidas, com as "chamas da vingança" enfraquecendo-se, dia a dia. Em sua mente poderosa, fazia e refazia retrospectos dos fatos, na busca de uma explicação para o enfraquecimento da motivação dos "requerentes".

Justus nunca deixara de ter "clientes", desde que se arvorara em juiz plenipotenciário para julgar e decidir, em cada disputa, quem tinha razão, quem estava errado, qual a punição e como deveria ser aplicada. No seu entendimento, estava corrigindo o mundo e prestando um grande benefício aos injustiçados do destino. Como justificativa para esse (equivocado) procedimento, estava sua própria vida, pois que no auge do apogeu da glória, da fama e da fortuna, por inveja e intrigas bem articuladas, perdera tudo. E pior: fora desapiedadamente humilhado e escorraçado do suntuoso meio social, aquele mesmo ambiente que tanto o bajulava. Cumulando sua desdita, a própria família não o perdoara... Aliás, justamente familiares que amava foram os que o atraiçoaram.

Qual náufrago que jamais se afoga, mas que está a morrer a cada minuto, perambulou em angustiosas regiões tenebrosas, ásperas, desprovidas de tudo, por longo período. Por duas vezes o amor do Pai proporcionou-lhe estágio físico, cujas dificuldades visavam a despertar-lhe reflexão e arrependimento, o que não aconteceu. Ao contrário, rebelou-se de vez com o mundo. Aí, sua mente, saturada de idéias vingativas, em nível inimaginável, atraiu para sua companhia outros espíritos sofredores e que se consideravam igualmente injustiçados.

Não foi difícil, para Justus, estabelecer um tribunal na região das sombras, no qual exerceria justiça implacável contra todos os que o magoaram.

Iniciou por atender aos próprios subalternos, formando escala de grupos e de prioridade, como dissemos.

Quase um século é decorrido, desde que vem assim agindo...

Jesus, o sublime pastor, assegurou que do rebanho do Pai nenhuma ovelha se perderia, e assim soou a hora de aquela ovelha tresmalhada reencetar a caminhada que a levaria a viver a vida na plenitude, evoluindo sempre.

Praticamente todos os grupos anteriores atendidos por Justus já estavam desfeitos e seus protagonistas em árduas etapas de expiação, harmonizando sua vida. Boa parte deles até já se congraçavam, vivendo próximos, muito próximos, pelos laços familiares...

Quanto a Justus, sua maior preocupação era referente à "perda de qualidade" do "179", o que cuidava reparar, e depressa. Decidindo sempre pela correção, em vez da conciliação, decidiu por um corretivo coletivo, que ele próprio aplicaria.

Não conseguia entender como é que os dois "pretores" nunca mais tinham voltado da missão que lhes atribuíra, de açodar Daniela.

Sim: aquele misterioso desaparecimento era o mais urgente de tudo.

Iria procurar Daniela para tentar decifrar tal mistério. Postou-se diante da tocha dela, quase se apagando... Segurou no cabo do archote e concentrou-se na figura da jovem.

Decorridos cerca de vinte minutos sentiu-se transportado para "o plano dos vivos", como denominava o plano físico. Viu-se numa pequena rua, diante de humilde casa térrea. Decidiu adentrá-la, sabendo de antemão que Daniela deveria estar no interior. Mas, de inesperado em inesperado, de surpresa em surpresa, eis que antes de dar o primeiro passo naquela direção foi alcançado por uma espécie de choque elétrico, fraco. Tentou se mover e não conseguiu. Por mais que se esforçasse, não conseguia realizar um único movimento.

Nunca aquilo tinha acontecido com ele!

"O que estava se passando? Que poder era esse, maior que o seu? Se conseguira chegar até ali, como é que não podia concretizar seu intento?", perguntou a si mesmo.

Depois de repetir tais perguntas e nenhuma resposta obter, pela primeira vez em acumuladas décadas, começou a se sentir em condição de inferioridade.

E pior: a mente, tão pujante, já não conseguia coordenar os pensamentos. Foi perdendo as forças, gradativamente.

Instantes antes de mergulhar num vazio mental viu uma luz sair de dentro da casa e se dirigir até ele, qual um minicometa.

Abismado, o tal "minicometa" possibilitou-lhe compreender o motivo de toda aquela inusitada perturbação dos seus poderes e planos: viu, em clara imagem, que dentro da casa Daniela lia um livro e foi-lhe dado identificar a obra: *O Evangelho Segundo o Espiritismo.*

Não viu mais nada, pois tudo à sua volta pareceu-lhe um imenso vácuo que o deixou atordoado. Logo, alcançou-lhe incrível deslocamento, ao qual não pôde se opor, vendo-se de volta no "Pavilhão das justas causas", bem em frente à tocha de Daniela, de onde, aliás, partira poucos instantes atrás.

O reconforto parcial por estar em seus domínios foi logo substituído por terrível frustração, ao ver que a tocha da jovem estava definitivamente apagada.

Não havia nenhuma dúvida: Daniela havia desistido de prosseguir na vingança! Para ele, o ruim disso é que ela estava arrependida, do contrário a tocha não se apagaria. E, nesse caso, de nada adiantaria procurar Diógenes.

Sem se abater, imaginando colocar em pratos limpos toda aquela desobediência, resolveu, em desespero, convocar os demais "requerentes" para uma reunião de emergência.

Foi de tocha em tocha, sempre segurando no cabo de cada uma e concentrando seu poder hipnótico. Conseguiu, com isso, atrair apenas cinco, dos oito que inicialmente formaram o "179": Daniela, ele bem sabia que não viria, mas a ausência de Leo o deixou mais furioso.

"Como é que o moço bonito não está me obedecendo, mesmo com sua tocha ainda acesa?", perguntou intimamente.

Assumindo a usual postura despótica de sempre, dirigiu-se aos presentes:

– Convoquei-os em situação anormal porque dois colegas seus estão cometendo imperdoável traição...

Os "requerentes", cabisbaixos, entreolharam-se furtivamente.

Prosseguiu Justus:

– Decidi que eles irão sentir o peso do meu poder e vocês terão oportunidade de constatar o que acontece com os desertores...

Novamente os "requerentes" olharam uns aos outros, só que agora de modo ostensivo, isto é, sem ocultar que, absolutamente, não se sentiam à vontade. Começavam a ficar aborrecidos com aquelas cantilenas ameaçadoras. Suas tochas tremeluziram, quase derrotadas...

Justus, captando o próprio enfraquecimento, brandiu:

– Quero que todos me obedeçam! Vamos agora mesmo nos encontrar com os dois fujões e daremos uma inesquecível lição em cada um!

Visando dominá-los, para o cumprimento da truculenta tarefa, impôs a destra na fronte de um por um, numa infeliz transfusão de fluidos de baixíssima vibração. Não foi difícil subjugar os componentes daquela triste e reduzida assembléia. Sabendo que a sintonia é universal, o inteligente chefete determinou aos "requerentes" que se postassem diante de suas respectivas tochas.

Assim que os hesitantes e assombrados encarnados se posicionaram, Justus comandou:

– Cumpram sem vacilar minha determinação.

O tom autoritário trazia moldura de ameaça, caso não fosse cumprida a ordem. Prosseguiu, déspota:

– Lembrem-se de que foram vocês que me procuraram e que fizemos um contrato.

Ergueu a voz:

– Alguém quer desistir?

Ninguém respondeu, o que foi tido como anuência de participação naquele perturbado projeto. Na mesma hora, as tochas, até então bruxuleantes, reacenderam em parte.

Sorrindo malignamente e com elevada vaidade, Justus dirigiu-se ao próximo requerente, que era o "179/4", uma vez que o

"179/1" (Mateus) e a "179/2" (Daniela) já estavam atendidos e o "179/3" (Leo) desertara:

– Então: você foi lesado por seu sócio. Diga para nós se você é um homem ou um fantoche... Já esqueceu o mal que ele lhe fez?

– Jamais!

A tocha de mais esse vingador, até então com chama enfraquecida, de um jato reacendeu-se e também passou a arder fortemente.

Foi ao "179/5",

– Seu patrão ofendeu-o em público e injustamente. "Gostaríamos" (agora usava o plural majestático, como se de fato todos estivessem interessados naquele caso, em particular) de saber se de sua parte tudo vai ficar por isso mesmo...

– Nunca! Ele me pagará! Vou desforrar-me, nem que seja a última coisa que faça na vida...

E assim, indo aos demais, fazendo as tochas intensificarem as chamas, Justus incutiu na mente e no coração deles o infausto propósito de vingança.

Reavivada a motivação de vingança, Justus ordenou:

– Vamos, em caravana, fazer uma visitinha àquele traidor que nos abandonou. Não se esqueçam de que ele desprezou todos vocês e vive zombando de nós.

Os "requerentes" não sabiam disso, fato que, aliás, era falso. Mas Justus jogava todas as suas fichas para que ele, sim, ele realizasse uma vingança contra Leo. Mandou todos darem-se as mãos, fecharem os olhos e insuflou:

– Pensem firmemente no moço bonito e me acompanhem.

Sem dificuldade levou todos, primeiro, à casa de Leo.

Isso porque Justus, lembrando-se da "derrota" sofrida na casa de Daniela, resolveu que lá só retornaria com auxiliares, agindo com maior força, em grupo.

Sem poder explicar o que estava acontecendo, os "requerentes", atônitos, tiveram a impressão de que o solo se dissolvia sob seus pés e que um vento lamentoso os empurrava para longe, em velocidade crescente.

Quando menos esperavam, estavam diante de uma casa que Justus se apressou em informar que era de Leo.

Havia já alguns dias que os pais de Leo tinham ido visitar um parente que estava hospitalizado em outra cidade próxima. Assim, Leo estava só. Não foi difícil a Justus, usando seu grande potencial hipnótico, atrair Leo para junto do grupo.

Naquele momento Leo dormia profundamente. Contudo, sua vinculação com Justus e os componentes do "179" ainda não estava desfeita. Por isso, quase no mesmo instante, foi inexoravelmente sugado de onde estava para ali. Chegou assustado, desentendendo o que acontecia. Justus não perdeu tempo:

– Todos vocês agarrem o covarde! Agarrem com força!

Apavorado, Leo não lembrou do gesto que o livraria daquele tormento: a prece! Ao contrário, seu primeiro impulso foi se defender e com violência.

Foi aí que se perdeu: o grupo era mais forte e ele foi dominado, a despeito das inúmeras tentativas que fez para reagir. Inclusive, sentindo-se dominado, num último lance, comandado pelo instinto de conservação, intentou escapar para fugir dali.

Em vão!

Rigidamente aprisionado, viu Justus aproximar-se, com intenso fulgor no olhar. O infeliz espírito, julgando-se o "dono do mundo", com calculada frieza, apôs a mão na nuca de Leo. No mesmo instante o jovem sentiu uma tontura e em poucos momentos imaginou que dentro da cabeça ardiam brasas. Gritou:

– Saia daqui! Saia daqui, miserável!

Justus, agora com a outra mão, tapou os olhos de Leo e disse sussurrando:

– Você está muito doente! Você está muito doente! Muito doente...

Leo perdeu todas as forças e desabou.

Justus olhou para a equipe de "requerentes" e convidou:

– Por que vocês não aproveitam e dão um presentinho para ele?

Como os seguidores nada fizessem, ordenou:

– Vamos! Cada um ponha a mão na cabeça dele e imaginem que alguma doença vai atingi-lo. Vamos!

Dos cinco participantes, apenas dois se dispuseram a cumprir a desnaturada sugestão. Quanto mais Leo se apavorava diante da tempestade de fluidos corrosivos que o envolviam, mais Justus ganhava terreno para a consumação do diabólico plano que forjara.

Surpreendendo a todos, sem exceção, isto é, até mesmo ao "poderoso" Justus, um acontecimento de todo inesperado eclodiu. Com efeito, estando os "requerentes" a massagear Leo, numa espúria transfusão energética, ou melhor, numa transferência de matéria astral densa, de efeitos malignos, eis que, vindos da escuridão da noite surgiram dois espíritos trevosos, turbulentos, grosseiros e de horrível aparência. Um deles, ante o espanto dos presentes, foi logo justificando:

– Não se preocupem comigo ou meu companheiro. Cá viemos para ajudá-los.

Recompondo-se, Justus, do alto da sua inquebrantável arrogância, respondeu aos intrusos, em tom autoritário:

– Vou ouvi-los. Se vieram para somar, eu os admitirei no grupo.

E logo ameaçou, como era da sua rotina mental:

– Porém, se me atrapalharem ou se têm outros objetivos, então saibam que um severo castigo os espera.

Demonstrando que sequer prestava muita atenção àquele "chefe mandão", como catalogou Justus, o outro intruso se pronunciou:

– Esse aí – referia-se a Leo – é metido a galã e tem feito muitas moças sofrerem. Acontece que ele andou se engraçando com minha irmã e ela nem precisava ir aonde foi para ser vingada.

Justus franziu a testa e perguntou:

– Que história é essa da sua irmã ir buscar vingança? Aonde ela foi?

– Foi a um pessoal que atende quem precisa, mediante pagamento...

O outro desconhecido acrescentou:

– Buscou quem tem o roupão da carne, mas quem executa as tarefas são os iguais a nós, quem já não tem mais os ossos[17].

Justus compreendeu que Leo, com sua beleza, envolvera uma jovem, fazendo-a sonhar e depois a abandonou sem contemplação, deixando-a com o amor-próprio machucado. Aliás, pelas suas observações, aquele jovem era mesmo useiro e vezeiro em assim proceder. E, certamente, a tal moça recorrera a intermediários dos dois planos, desses que comercializam favores (médiuns destrambelhados, em conluio com espíritos atrasados). Questionou:

– E o que vocês pretendem fazer?

– Pedi a esse companheiro que me ajudasse e quando ele precisar, também o ajudarei. Assim, nós dois vamos mostrar para o bonitão que não se pode ir por aí gerando expectativas, enganando corações...

– Autorizo!

Era a voz de Justus, que sequer precisava ser dita, pois os dois brutamontes ergueram Leo, já cambaleante e enfraquecido, e, primeiro, ofenderam-no com palavrões e, a seguir, com fortes bofetões.

17 – Faz referência aos espíritos atrasados na condição de encarnados e desencarnados, respectivamente. (N.E.)

Quando todos julgavam que Leo fosse desmaiar, foram novamente surpreendidos, não com nenhuma reação dele, e sim com seu abrupto retorno para dentro da casa.

No universo todo não há um único acontecimento, seja num átomo ou numa galáxia, que não esteja invariavelmente subordinado às Leis Divinas: se o fato é na natureza, leis naturais definem cada ação e reação; se o fato é entre seres vivos, leis biológicas regulam cada passo; se o acontecimento se dá na área do espírito, então temos as leis morais.

Todas essas sublimes leis têm uma constante: no *numerador,* são absolutamente justas e *no denominador,* são perfeitas, eternas, imutáveis. Isso quer dizer que, no caso de qualquer fato que alcance a matéria ou a alguém, com toda certeza há todo um extenso rol de antecedentes que predispõem o quadro que se vê, que define as conseqüências.

Assim, é da Lei de Deus que a justiça paire na plenitude, como já dissemos, em todo o universo e, em particular, no roteiro evolutivo de cada espírito.

É também Lei de Deus que todos os devedores sejam considerados pagadores em potencial. Para isso, o Criador engendrou o tempo, a reencarnação e as vidas sucessivas. Muitos acontecimentos de hoje tiveram sua origem no ontem. E muitas das nossas condições futuras estão justamente sendo construídas agora. Tudo isso, sem perda de um único ato, pensamento ou segundo. Somos nós próprios os engenheiros da nossa construção existencial.

Todos temos um arquivo espiritual ativo desde nossa criação até o segundo presente. Nele estão arquivadas as conseqüências de pequenos ou grandes gestos, desde então. Esse arquivo, infalível e indestrutível, acompanha o espírito aonde quer que ele vá, em qualquer tempo, de qualquer mundo!

Quanto a Leo, nos escaninhos com quase dois séculos, havia o registro de que ele era um humilde pescador que se atirara em águas barrentas de um rio, salvando uma criança, mas perdendo a própria vida.

Tamanha e tanta foi para ele a valia desse heróico quanto sublime gesto que, por várias vezes, encontrara salvação em situação de grandes perigos.

A criança náufraga, desde o tempo em foi salva por ele, jamais se esquecera daquele benfeitor anônimo. Sempre dirigia preces a Deus em favor dele.

Pois bem: por insondáveis mecanismos que regulam o amor, em todos os quadrantes da divina criação universal, quando Leo estava naquela situação extremamente crítica, no plano maior, os trâmites sublimes da justiça entraram em ação. E isso ocorre independente de providência de quem quer que seja, disparando automaticamente uma ordem de socorro, que será atendida pela primeira equipe espiritual socorrista, das quais há aos milhões por toda a psicosfera de cada mundo onde houver necessidades e necessitados.

Sem alarde, mas com presteza, de imediato a equipe que prontamente atendeu à providencial ordem fez com que Leo acordasse, posto que isso foi o mais adequado, naquelas circunstâncias.

Claro que seqüelas adviriam dessa brusca reincorporação do perispírito de Leo ao organismo físico, mas naquele momento essa foi a única possibilidade de ajuda.

Leo acordou em grande sobressalto, gritando:

– Socorro! Socorro!

Mesmo percebendo que tinha acordado, continuou gritando:

– Socorro!

Só conseguiu recuperar a lucidez mediante fluidos que os socorristas espirituais lhe dispensaram. Aí, acendeu a luz. Compreendendo que tudo não passara de um pesadelo pôde respirar a grandes haustos.

Levantou-se e tencionava ir à cozinha tomar água.

Só conseguiu dar dois ou três tímidos passos, pois as forças físicas o abandonaram. Estático, de pé, transfigurado, não sabia o que fazer.

Pensou por um instante e aos poucos sentiu o corpo amolecer.

Estando em desfalecimento, ajoelhou-se, pensando em orar.

Não deu tempo: desmaiou.

Justus ficou possesso quando viu Leo desaparecer. Sentindo-se frustrado, por não poder castigar o "desertor", não se conteve e vociferou, em fúria incontida, contra os dois intrusos, julgando-os a razão do seu malogro:

– O que foi que vocês fizeram com o meu réu? Como é que se atreveram a retirá-lo daqui, sem minha ordem? Desconhecem quem sou e minha autoridade?

Os dois espíritos trevosos, na verdade, estavam tão desorientados quanto Justus. Não era plano deles fazer Leo sumir. Eles próprios não sabiam explicar como é que aquilo havia acontecido. Uma coisa, porém, nenhum dos dois admitia: que alguém os repreendesse, e, pior, que quisesse mandar neles.

Sem que houvessem sequer se olhado, agindo por pura rotina da sua personalidade, ambos agarraram Justus e de forma violenta deram-lhe vários golpes.

Ante o inusitado daquela reação jamais ocorrida com ele, Justus se desestruturou em parte. Mas logo se refez: falou alto, nele, o longo cabedal acumulado de poder hipnótico. Ainda sendo agredido ergueu a destra em gesto lento. Não foi um gesto de defesa ante os rudes golpes que, aliás, não cessavam. Era, isso sim, uma reação completamente atípica que, a princípio, intrigou os agressores, levando-os a interromper os golpes. Entreolharam-se, como que um perguntando ao outro o que era aquilo?

Justus, consciente do seu poder hipnotizante, valendo-se dessa indecisão dos dois, perfeitamente esperada por ele, disse-lhes em voz cavernosa, carregada de fluidos anestesiantes da vontade:

– Fiquem onde estão! Não se mexam!

Repetiu:

– Fiquem onde estão! Não se mexam!

Por singular e inexplicada ação, de fato os dois espíritos se imobilizaram.

Justus, erguendo-se devagar, colocou cada mão na cabeça deles e promulgou:

– Daqui em diante só farão o que eu mandar. Só o que eu mandar!

Deixou transcorrer alguns momentos e com insuportável ar de vitória, arrogância e orgulho, dirigiu-se aos componentes do "179", que a tudo assistiam, somando medo a pavor:

– Viram o que acontece com quem me desafia?

Como ninguém se atrevesse a responder e pouco mais poderia ser feito ali, determinou a todos:

– Saiam da minha presença. Voltem para o lugar de onde vieram. Quando eu determinar, venham sem demora e jamais me desobedeçam.

Aos poucos, os encarnados, bem como os dois desencarnados, foram deixando aquele sítio. Só Justus decidiu permanecer ali por mais algum tempo, olhando cismarento para dentro da casa de Leo... Imaginava que, quando amanhecesse, ele teria de sair e então...

Os encarnados, por dois ou três dias, teriam sérios desarranjos físicos, de dor de cabeça a cansaço crônico, de enjôo a inapetência, de irritação à fraca capacidade de concentração. Tudo era fruto da malsucedida empreitada a que desavisadamente haviam se proposto a realizar. Colhiam o que plantaram...

Quanto aos dois agressores de Leo e Justus, nunca mais sequer foram convocados por este último e levaria semanas para que o efeito anestesiante cessasse, mais em razão de o hipnotizador não lhes dar a mínima importância. Quando recobraram a consciência e relembraram os episódios na frente da casa de Leo, decidiram jamais retornar por aquelas bandas...

♜

O desmaio de Leo, tanto quanto a maioria dos desmaios de qualquer pessoa, constituiu inapreciada e sublime bênção.

Na verdade, quando ocorre um desmaio, em sentido figurado isso pode ser comparável à providencial interrupção de qualquer excesso. Via de regra, nesses eventos, corpo e mente permanecem num estado de inconsciência. O despertamento simbolizará que o desarranjo foi controlado, muito embora as seqüelas estarão todas presentes, ativas, quais conselheiras sugerindo ao desavisado que aquilo que estava fazendo não era bom.

Quando Leo desmaiou eram aproximadamente quatro horas da madrugada. Pela manhã, em vão Renata esperou pelo namorado, que, como rotina diária, levava-a ao trabalho. Passando já quase meia hora, e ele não chegando, ligou para o telefone celular dele. Não obteve resposta direta, pois estava em "caixa postal". Ligou então para o telefone residencial. Igualmente, ninguém respondeu. Intrigada, de início, e logo com preocupação crescente, desistiu de ir trabalhar, acenou para um táxi e dirigiu-se à casa de Leo.

Invisível ao olhar da moça, alguém estava à porta da casa, qual pérfido predador, à espera de descuidada presa...

Justus, com efeito ele, ao ver Renata, teve um estranho sobressalto, muito parecido com o que já o havia acometido, quando da outra vez que ali estivera...

Pensou: "Aquela moça... aquela moça... eu a conheço!"

De qualquer forma, maior que ele, algo o coagiu a sair dali.

O implacável juiz sentiu-se catapultado para longe.

Renata teve uma sensação desagradável quando chegou, mas logo passou. Tocou a campainha e bateu palmas por diversas vezes. Nada!

Sua preocupação aumentou muito, pois o carro de Leo estava na garagem,logo ele certamente estava lá...

Desorientada, sem saber o que fazer, decidiu permanecer algum tempo à porta da casa, aguardando alguma coisa acontecer. Não fazia a menor idéia do que poderia ser essa "alguma coisa". Apenas resolveu ficar um pouco ali.

Foi acertada sua decisão, pois nem meia hora havia se passado e teve o maior susto da vida quando ouviu gritos candentes, vindos de dentro da casa.

Reconheceu quem gritava: Leo!

Assustadíssima, ouviu o namorado repetir:

– Apaguem as tochas! Apaguem as tochas! Estão querendo me queimar!

Na sua perturbada visão espiritual, via de fato vários vultos sinistros, todos com ódio a ele, clamando vingança, querendo pôr fogo nele. O socorro prestado pelos protetores espirituais salvaram-no da agressão dos dois espíritos malvados, mas tão logo Leo se viu livre, buscou avidamente Justus, para acertar contas com ele, que tanto mal vinha lhe causando.

Deu-se mal: Justus, muito experiente em atividades desenvolvidas no plano espiritual, captando que era procurado por ele, induziu-o a ir a um local para onde o lixo da cidade era levado. Encontraram-se perto de uma pequena fogueira junto da qual alguns pobres dormiam. Alquebrado, desguarnecido, Leo foi presa fácil para que Justus o hipnotizasse, plasmando ataque de incendiários contra ele.

Tudo isso aconteceu em pouco menos de meia hora.

Renata não vacilou: no mesmo instante ligou para o Corpo de Bombeiros, pois não é que havia pessoas com tochas de fogo acesas, deixando Leo apavorado?

Ao chegarem, os bombeiros foram inteirados do que se passava. Nem precisava, pois Leo, aos gritos, continuava com os mesmos apelos. Sem titubear, os profissionais arrombaram a porta de entrada, com mangueiras e extintores a postos. Devido à sua longa prática, logo perceberam que ali não havia fogo, nem sequer risco de incêndio, devido à ausência de fumaça ou cheiro de algo queimado ou queimando.

Renata entrou logo atrás deles sem ser impedida, pois não havia mesmo nenhum sinal de perigo iminente.

Nem o estardalhaço que os bombeiros fizeram para invadir a casa acordou Leo ou retirou-o do pesadelo. Continuava gritando.

Antes que Renata pudesse fazer qualquer coisa, um dos bombeiros, compreendendo o que se passava, simplesmente jogou um pouco de água no rosto de Leo, que, aí sim, acordou bruscamente.

O jovem ficou absolutamente surpreso por ver Renata no meio de tanta gente, todos olhando preocupados para ele, e principalmente por ver as ferramentas nas mãos dos bombeiros. Balbuciou:

– O que... representa tudo isso?

Renata acalmou-o:

– Tudo não passou de um engano.

– Engano? Que engano?

– Um pesadelo seu. Logo explicarei. Agora vamos agradecer a esses bondosos amigos que nos ajudaram.

– Mas... vocês são bombeiros, não é isso? Houve algum incêndio por aqui?

Um dos militares tranqüilizou-o:

– Deixa prá lá. Sua namorada vai explicar para você. Agora, se nos der licença, temos de ir. Passem bem.

Quando os homens saíram, Leo ainda estava espantado.

Renata sugeriu:

– Você está precisando de um bom banho e de um café.

Mais tarde, após o café que ela preparou, contou o que se passara. Custou a Leo acreditar. Não se lembrava de nada, absolutamente nada! Mas sentia-se extremamente indisposto, com a cabeça doendo muito.Precisou ser carregado até o banheiro, onde regurgitou dolorosamente. Com tontura, não conseguiu se manter de pé. Passou a sentir insuportável dor de cabeça, espraiando-se pelo corpo todo.

Os pais de Leo, quando chegaram, na parte da tarde, ficaram assustados com o estado físico do filho, encontrando Renata cuidando dele. Óbvio, aflita.

Renata, por inúmeras vezes quis que Leo fosse a um médico, mas ele recusou-se terminantemente, dizendo que logo ficaria bom. Seus pais, contudo, percebendo que algo grave estava acontecendo com ele, aplicaram-lhe um passe, que acalmou em parte as convulsões. Mas chamaram um médico conhecido que, logo ao ver o paciente, determinou internação hospitalar para repouso e vários exames que auxiliassem um diagnóstico.

Leo adoeceu, pois de longo tempo vinha franqueando a entrada em sua mente de nefastas influências. Assim, não foi de se espantar que seu organismo não resistisse por tanto tempo às desequilibradas atitudes mentais, plenas de vaidade. E pior: fazendo com que várias moças, primeiro, se encantassem, depois, se decepcionassem, a seguir se humilhassem e finalmente se revoltassem contra ele, brincava com seus sentimentos e depois as descartava, como se fossem embalagens imprestáveis.

É fato espiritual sabido que nesses casos os amargurados plasmam na mente atitudes vingativas, que adquirem vida e vão em direção ao alvo: são as chamadas "formas-pensamento", as quais, via de regra, encontram campo desguarnecido e aí sua ação é sempre destrutiva.

Jamais o amor do Pai deixou, deixa ou deixará um único filho – de todas as espécies vivas em todo o universo – ao desamparo, principalmente nos momentos de crise ou perigo.

Tamanha e tanta é a proteção divina que até mesmo os irracionais contam com integral supervisão de entidades angélicas durante toda a sua vida física. E, mesmo depois de deixarem o revestimento orgânico, a proteção, supervisão e prosseguimentos evolutivos permanecem ativos e perenes, sob administração sideral.

Com os seres possuidores da razão outra não é a maneira de ser, de estar e de amparar, dos protetores siderais, com a diferença de que o livre-arbítrio que os homens possuem e os animais não pode auxiliar ou dificultar tal ajuda, conforme qual tenha sido a origem da dificuldade do momento: não provocada por desrespeito às Leis de Deus, ou justamente por isso.

Fato notório é que mesmo aqueles espíritos rebeldes, de trato difícil, descrentes de todos os valores do Alto, até eles e mesmo principalmente eles estão sob o foco misericordioso do olhar do Mestre Jesus. E isso, em tempo integral!

Dessa forma, o mérito é fundamental quanto a essa perene proteção, mas mesmo nas deficiências comportamentais, como dissemos, encontraremos Deus agindo por e com amor inexcedível.

É da evolução a premissa de que ninguém será réu sempre.

Mesmo que a consciência seja o juiz e que condene alguém, a liberdade é qual a aurora que espanta a noite ou a primavera que despede o inverno, qual a paz que se segue à guerra. Sempre acontece o progresso!

Se a prece é decididamente a chave que abre as portas do céu, maior e mais expressiva é a possibilidade de ajuda ao pio que ora, ou ao condenado que se arrepende. Há um dispositivo celestial, engendrado pelo amor de Deus e posto em prática pelos espíritos socorristas, de todos os níveis evolutivos, que garante que prece alguma sob a vibração de um coração em sincera petição deixe de ser atendida.

OITO

As linhas paralelas

Quando Jesus afirmou que tudo aquilo que o homem pedisse em Seu nome teria atendimento[18], estava categoricamente enfatizando que a fé, que pressupõe o amor do filho pelo Pai e confiança absoluta no Seu amor e na Sua justiça, sempre seria a chave para abrir a porta das bem-aventuranças.

Também foi afirmação do Mestre que o merecimento é fator fundamental no deferimento dos pedidos, pois é da justiça divina que a cada um seja dado segundo o seu merecimento.

Dito ainda de outra forma, transubstanciando em verdade cristalina, criatura no mundo não há que sinta como obviedade o fato de que só se colhe aquilo que tenha sido plantado e o que se planta jamais oferta colheita de espécie diferente à plantação.

---

18 – João, 14:14. (N.E.)

Essa equação – ação e reação, causa e efeito – coloca sobre os ombros de cada ser o próprio *destino*[19], não nos sendo possível acusar outrem pelo que nos aconteça, de bom ou de ruim.

A Doutrina dos espíritos em boa hora facilita esse entendimento e vai além quando enaltece a inigualável postura evolutiva da auto-reforma.

Deus equipa todos os espíritos com três dádivas: livre-arbítrio, inteligência e consciência. A todos, sem exceção, dá os meios de progredir, partindo invariavelmente daquele que poderíamos chamar de "quilômetro zero", na estrada da evolução – *simples e ignorantes*[20].

Sendo um ser engendrado pela sabedoria divina para viver e conviver em gregarismo, isto é, tendo sempre companhia de semelhantes, o homem só poderá efetivamente progredir se dessa convivência resultar méritos. E, no caso, isso significa compartilhamento, reciprocidade, fraternidade – amor, enfim.

Não é o que vem acontecendo, praticamente com todos os seres humanos, de todas as épocas. O próprio patamar evolutivo dos habitantes do planeta Terra já bem demonstra que têm feito mau emprego daquelas três dádivas.

Por isso, vem vivendo a humanidade num clima de provas e expiações.

Outra verdade cristalina que Jesus deixou registrada (perdoem-me, já que é até pleonasmo dizer que tais ou quais palavras do Cristo trazem "verdades cristalinas", eis que tudo, rigorosamente tudo o que Jesus disse, tem o sublime perfume da verdade) se refere à salvação de todas as ovelhas do redil divino.

---

19 – É preciso sempre repetir que após a Codificação da Doutrina dos espíritos alguns termos passaram a ter outra conotação no *Dicionário espírita*, que os enquadrou na lei de justiça, consubstanciada em "A cada um segundo suas obras". Eis algumas dessas palavras/conceito: *destino, acaso, coincidência, sorte, azar*. (N.A.E.)

20 – *O Livro dos Espíritos*, questão 115, Petit Editora. (N.E.)

Disso resulta que qualquer que seja o grau de culpa, por maior que tenham sido os erros, por mais insanas as maldades, jamais um único dos seus agentes deixará de contar com a graça dos céus: um dia, redimir-se-á! Graça, aqui, não se refere a "perdão", mas sim a renovadas oportunidades de realinhamento com o bem.

Sempre lembrando de Jesus: são os doentes que precisam de médico, o que quer dizer que justamente os que procedem mal precisam que alguém lhes dê remédio para a enfermidade da alma.

Pela vontade compassiva do Criador, todos os atos e pensamentos têm registro integral e fiel na consciência de quem os formule ou pratique. Tais registros são armazenados no "almoxarifado mental", de onde serão sacados na fração de segundo ou no momento adequado, segundo assim definam as circunstâncias – físicas ou espirituais – da vida.

Se configurarmos todos os acontecimentos de cada criatura num traçado que seja em linha reta, curva ou pontilhada; horizontal, inclinada ou vertical – aí sendo consideradas todas as etapas da sua existência, ao longo dos milênios de milênios de vidas físicas que se sucedem pelas reencarnações, e de igual número de estágios no plano espiritual – esse traçado terá começo, mas não terá fim.

Mas, qualquer que seja o ponto geodésico ou geométrico, ou o plano dessa imaginária linha, sempre haverá um outro ponto correspondente próximo a ele, de forma a se estabelecer paralelismo total.

Temos aí a linha paralela da nossa vida!

E o que representaria essa linha?

As nossas vivências, permanentemente sob o amor de Deus (a todas as criaturas), prodigalizando apoio e dispensando subsídios para alcançarmos a felicidade, razão precípua da nossa criação!

Assim como no teatro, o roteiro de uma peça, de um ou de vários atos, é primeiramente escrito e depois levado à cena, assim também acontece com cada uma das nossas existências.

Mas não é o teatro que tem a formulação original e sim a vida. Com efeito, não há uma única cena marcante em nossa vida conforme programação reencarnatória que de alguma forma já não constasse do *script*, ou, ao menos, inscrita nas possibilidades.

No grande teatro do livre-arbítrio, cada espírito se torna o escritor da peça da sua existência, cujos atores são seus atos e pensamentos.

Deus, onipresente em todo o universo, desde sempre estabeleceu leis sábias, perpétuas, perfeitas, as quais, por sua vez, desdobram-se em programas a serem observados. Ou, em linguagem teatral, representados...

O roteiro de cada criatura tem invariavelmente idêntica origem e começo: criação, por Deus, como Princípio Inteligente, individualizado e equipado de sensores ("pontos") que irão captar, por toda a eternidade, a indicação dos rumos a serem seguidos – peças a serem levadas à cena da vida –, em que ato e na companhia de quais outros personagens...

Sem sequer tentar contar os milênios, o fato é que o Princípio Inteligente, por milhares deles, vai sendo orientado, amparado, dirigido, conduzido.

Assim, todos nós, que hoje temos no corpo físico cerca de três trilhões(!) de células, um dia – no primeiro dia da nossa existência – tivemos só uma...

Sim: fomos unicelulares, depois pluricelulares.

Tudo isso vem a propósito de entendermos, e de uma vez para sempre, que Deus é observador atento de todos os movimentos, do e no Universo inteiro.

Jesus definiu a incessante ação divina quando declarou que Deus não cessa de trabalhar, acrescentando, sem laivo algum de personalismo ou vaidade, que também Ele assim procede[21].

21 – João, 5:17. (N.E.)

Ora, se Deus não cessa de agir e se Sua obra é a criação, podemos afirmar que, da hora em que começamos a ler este livro até esta linha, Deus já criou não se sabe quantos outros Princípios Inteligentes.

Se a cosmologia já definiu que é indefinível o número de corpos celestes, com raciocínio simples qualquer um de nós pode afirmar que o número de seres vivos é igualmente incontável.

E se Deus criou toda a eternidade, intuímos que, depois de alcançado o reino da razão e o nível de civilização em que nos encontramos, alguns milênios são suficientes para a criatura cessar o eventual mau comportamento. Obviamente, existirão exceções, sempre por méritos individuais, tanto de seres que progridem rapidamente quanto de outros que se atrasam por longo tempo.

E dentro do conceito de eternidade outra ilação talvez ainda nos seja permitida: a de que são bilhões, trilhões, quatrilhões, e muito mais, os espíritos que já evoluíram.

Sempre dentro desse raciocínio e sabendo que os espíritos evoluídos têm por meta principal amar ao próximo e exercitar a caridade (proteção aos necessitados), visita-nos uma certeza, com roupagem da fé: a de que nenhum de nós é desprovido de amigos!

A vida de cada pessoa, assim, a se desdobrar nas repetidas e multiplicadas existências físicas, tem impecável e infalível programa preestabelecido, extraído do arquivo que, qual dossiê, tem original guardado na mente e cópia ambulante na instituição espiritual à qual esteja no momento vinculado, prestes a nova experiência.

Outra não é a finalidade de esse arquivo ser ambulante, como dissemos: é para que os espíritos construtores dos programas reencarnatórios tenham condições de analisar seu conteúdo e deliberar pelas melhores sugestões. Esses programas são elaborados por especialistas e às vezes temos méritos para solicitar essa ou aquela alternativa.

Vezes há, porém, em que a compulsoriedade dá o tom do que será a etapa física...

Quando pronto, o "projeto reencarnatório" sobe de escalão apreciativo e praticamente sai da psicosfera terrena e vai a sítios celestiais, onde espíritos que atingiram culminâncias em virtudes e saber o apreciam. Tais seres angelicais têm a capacidade de esquadrinhar a fonte original: nossa mente, ferramenta do espírito e sede do nosso arquivo existencial. É assim que, não raro, determinadas elaborações são levemente modificadas, sempre em benefício do reencarnante.

Para nascer, o homem tem definidos pai e mãe, o que significa dizer que com isso já estão também definidos os demais parentes... Outras definições: tempo de vida física, molde orgânico, ocorrências expressivas, formação familiar (cônjuge/filhos), faixa financeira etc.

A reencarnação poderá ocorrer após breve permanência no plano espiritual ou, ao contrário, em tempo bem elástico de permanência lá. A morte, na maioria dos casos estabelecida milimetricamente na reta existencial, pode também alternar antecipação ou moratória – tudo em razão das ações de cada um, consideradas as diversas coligações ou conseqüências com relação à vida de outros.

Moratórias acontecem em maior número do que antecipações.

Quando numa vida um casal precisa se reajustar com um filho e rejeita seu nascimento, chegando até a expulsá-lo em meio à gestação, cometendo o execrável crime do aborto, não é raro que numa próxima etapa desejem e não possam ser pais. Essa impossibilidade decorre de terem desajustado seus equipamentos físicos. Ainda aqui comparece a bondade do Pai, autorizando à espiritualidade que utilize um atalho, promovendo gestões que acabem culminando e presenteando esse casal com a adoção...

Não nos demoraremos um minuto na reflexão daqueles que forçam a saída da vida. Essa violenta quebra do roteiro é extremamente traumática, eis que o suicida inaugura dor e desajustes tão insuspeitos quanto quase insuportáveis. Dizemos "quase" porque até nisso a bondade de Deus intervém, ao conceder prévia autorização de recomeço ao que tenha voluntariamente desistido de caminhar na existência.

Para consolidar essas breves reflexões sobre os bastidores dos acontecimentos, afirmamos que aquilo que nossos olhos vêem são a expressão de algo que já estava previsto.

E mais: o que é visto no plano material é de certa forma ilusório, porque a realidade é muito mais abrangente quando observada do espiritual.

Os acontecimentos terrenos são, na maioria, monitorados pelo plano espiritual. Se bons, por protetores siderais. Se maus, por inimigos, por aproveitadores, por obsessores... Mas até mesmo os maus atos são transformados por Deus em bem, numa difícil equação de reajustamento entre resgate e culpa, culpa e resgate[22].

Não se pode duvidar da presença de Deus em toda a imensidão universal, desde a estrela gigante até o vírus minúsculo. Aquela luz e energia na plenitude. Este, lutando pela sobrevivência no interior de uma célula, dela inteiramente dependente, como hóspede indesejável, por perigoso.

Chega sempre o tempo de reconstrução dos estragos decorrentes de vinganças perpetradas. O arrependimento sincero, que cedo ou tarde inexoravelmente emerge, seguido do desejo de consertar o mal que foi causado, abre as portas da alma do vingador. Ato

22 – Em *O Evangelho Segundo o Espiritismo*, cap. 8, "Bem-aventurados os puros de coração", item 14, encontramos: "(...) É necessário que sucedam escândalos. (...) É assim que Deus faz surgir o bem do mal, e que os próprios homens tiram ensinamento de coisas ruins ou desagradáveis". (N.M.)

contínuo, sempre, o Alto cria situações adequadas ao restabelecimento da ordem universal. Universal, sim, pois todo e qualquer equívoco, por menor que seja, em qualquer ponto da imensidão cósmica, nubla a paz, só alcançada quando a luz visita a alma dos envolvidos.

Nesse teor de ilações, vamos comentar, por alto, como a espiritualidade amiga se desdobra e age, quando sinceramente requisitada por um espírito que esteja em grandes lutas íntimas para livrar-se do terrível ônus da culpa.

Aliás, é oportuno que mudemos mais para o espiritual o foco da nossa narrativa, que chegou até aqui registrando a densidade humana.

Vejamos como as coisas se passaram com o nosso "179/1", o Mateus...

♘

Assim como quando há necessidade de reparos em uma instalação ou aparelhos convocamos um especialista, da mesma forma com a espiritualidade, que tem desconhecidas maneiras de manipular soluções para qualquer tipo de problema – nos planos físico ou espiritual[23].

No caso em foco, em que vários fatores negativos predisponentes concorreram para o império da balbúrdia que visitou os nele envolvidos, foi igualmente necessário o emprego de fatores de maior intensidade, mas com o sinal trocado, isto é, se o mal começou, agora o bem terminaria...

É sempre assim: o mal será sempre episódico. O bem, definitivo.

---

23 – Em *O Livro dos Espíritos*, Livro Segundo, cap. 9, "Intervenção dos espíritos no mundo corporal", questão 526, vemos que os espíritos "têm ação sobre a matéria, mas, para a realização das leis da natureza e não para as anular ao fazer surgir num certo momento um acontecimento inesperado e contrário a essas leis". (N.M.)

Quando Amílcar, ainda no hospital, pôde ser informado de como fora parar ali e o atendimento que foi necessário, simplesmente não acreditou. De fato, ao ser levado da UTI [24] para a enfermaria geral, onde convalesceria, perguntou ao enfermeiro:

– O que foi que aconteceu comigo? Há quanto tempo estou aqui? Aliás, onde é que estou e o que fizeram comigo?

– Meu amigo, tenha calma. Você me fez tantas perguntas e eu vou tentar responder: primeiro, você brigou num bar, estava alcoolizado, apanhou muito, duas costelas quebradas, afundamento parcial do frontal, corte profundo no couro cabeludo, perda abundante de sangue. Isso, há quatro dias. Aqui é a Santa Casa. Os médicos costuraram os cortes e cuidaram das fraturas. Até agora ninguém veio visitá-lo...

Essa última informação pescou escondidas lágrimas no fundo da sua alma e quase chorando Amílcar voltou a questionar:

– Eu... eu... briguei? Estava embriagado? Foi por causa de mulher? Ou por dinheiro?

– Sim para as duas primeiras e não para as outras duas.

– Fui assaltado? Alguém me roubou?

– Não, para as duas. Você acusou de ladrões dois colegas dc jogo, mas a polícia investigou e descobriu que você aprontou uma enorme arruaça lá no bar e que a surra que levou foi até merecida, pois acusou inocentes.

– Não me lembro absolutamente de nada disso. Meus amigos Euzébio e Franco poderão ajudar a esclarecer tudo, pois sempre ficamos juntos, tomando aperitivos ou jogando. Jamais brigamos!

– Pois foram justamente esses dois que o surraram, quando você os acusou de estarem roubando no jogo.

Quando o enfermeiro foi embora Amílcar começou a chorar, de fato.

24 – Unidade de Terapia Intensiva. (N.E.)

Um paciente levantou-se do seu leito e aproximou-se. Condoído dele, tentou reconfortá-lo:

– Amigo, não fique assim, Deus é Pai e Jesus o Irmão Maior – aleluia! Se você teve uma má notícia, faça orações aos santos da sua fé para eles não deixarem você morrer... Se não conhece nenhum santo, ore a Jesus – aleluia!

Amílcar levou um susto:

– Por que você acha que eu vou morrer? Como é seu nome?

– Sou o Jonas. Então não está com doença ruim no peito e na cabeça?

– Não, não, essas bandagens são por causa de briga.

Jonas mudou o tom:

– Então você apanhou?

– Apanhei, mas também bati muito neles. Eram muitos contra mim.

– Ora, ora, se apanhou e bateu, por que está chorando?

– Não sei...

– Posso imaginar: a maldita da pinga deve ter subido na sua cabeça e o demônio entrou na sua alma. Aí, quem aprontou foi ele... Só que na hora de ser operado, ele pulou fora e os médicos operaram foi você mesmo...

Bem...

Jonas era evangélico, isto é, professava um ramo do cristianismo, muito em voga atualmente. Sequer desconfiava que um espírito protetor, de plantão ali, praticamente era quem dizia as palavras que ele repetia. Esse espírito recebera instruções para utilizar sua insuspeitada receptividade mediúnica para induzir não só Amílcar, mas os demais internos a uma reavaliação de vida.

Devemos anotar que esse acontecimento é rotina em enfermarias.

Jonas prosseguiu:

– Meu amigo, peça ao Senhor Jesus para trazer você de volta ao rebanho.

– Como assim? Que rebanho?

– Pois então você desconhece que o Senhor Jesus afirmou que num rebanho de cem ovelhas se uma se perder o Bom Pastor irá procurá-la até recuperá-la?[25] Fique sabendo, meu irmão, que o rebanho é de Deus e nós somos as ovelhas... Experimente fazer uma prece, falando com a voz do coração e verá. Aleluia, Jesus!

À noite, diante da triste solidão da enfermaria, no silêncio só quebrado por gemidos, a angústia sempre perambula por ali, procurando alma para nela pousar.

Amílcar, pensando nas palavras de Jonas, resolveu orar e, em silêncio, falou com Deus: "Meu Pai, eu ando muito errado. Será que o Senhor poderia mandar Jesus me salvar?".

Adormeceu.

Dois espíritos aguardavam-no desdobrar-se perispiritualmente, como acontece com todos nós, quando dormimos: corpo em repouso, mas o espírito, revestido do perispírito, indo ao encontro das nossas escolhas...

Amílcar viu os dois espíritos, os quais, amigavelmente, recepcionaram-no:

– Salve, Amílcar. Esteja entre amigos. Lembra de nós?

– Não, nunca vi nenhum dos dois.

– Somos pretores de Justus e fomos nós que fizemos você brigar para apanhar...

– Vocês?! Por que fizeram isso comigo?!

– O que sabemos é que você ofendeu uma mulher casada e com isso o marido dela perdeu o emprego e quis se vingar.

– Ah! Disso me lembro. O Mateus...

– Sim, ele mesmo...

– Mas o que é que vocês têm com isso?

– Ele requereu vingança e Justus deferiu.

25 – Mateus, 15:4-7. (N.E.)

– Quem é esse Justus?

– Um juiz severo, para o qual nós trabalhávamos...

– Não trabalham mais? Para quem trabalham agora?

– Para Jesus!

– Não acredito.

Amílcar duvidou, contudo, lembrando-se de Jonas, exclamou quase que automaticamente: Aleluia!

– Pode acreditar. Aliás, estamos aqui atendendo a suas preces. Vamos tentar ajudá-lo. Sair da complicação em que se meteu só vai depender de você.

– Como assim? O que tenho de fazer? E quanto isso vai me custar?

– O preço é alto: arrepender-se e fazer as pazes com Mateus.

– Isso nunca!

– Está vendo? Essa rebeldia só o tem prejudicado. Responda para nós: a mulher de Mateus é infiel a ele? Mateus é infiel a ela? Os dois colegas com os quais você brigou no bar, são mesmo ladrões?

Amílcar abaixou a cabeça, num simples gesto de reconhecimento de erro, gesto esse que representou o discurso de quase uma vida inteira ao murmurar:

– Deus me perdoe!

Os dois pretores, outrora truculentos, abraçaram-no. Amílcar não conseguiu evitar que lágrimas de emoção viessem agora das profundidades da consciência e se derramassem pela face, brilhantes, quais pérolas.

Os dois pretores exclamaram a uma só voz:

– Deus seja louvado!

– Aleluia! – proclamou Amílcar.

O fato é que quando acordou, pouco antes da alvorada, lembrava-se de que tinha tido um encontro com dois policiais amigos, que o haviam levado à presença de Mateus e de Maristela.

Não se lembrava do que tinham conversado, mas surgiu em sua mente uma inamovível decisão: assim que saísse dali iria procurar “todo mundo” e pedir desculpas. “Todo mundo”, no caso, eram quatro pessoas: Mateus, Maristela, Euzébio e Franco. Aliás, ainda no sonho, lembrava-se vagamente de que tinha se encontrado com Mateus numa praia e já tinha feito as pazes com ele...

♜

Vamos nos encontrar com Mateus.

Naquela mesma noite em que Amílcar teve o encontro com os dois pretores, também ele, Mateus, em desdobramento pelo sono viu-se numa praia deserta. Deserta, para ele... Ali, com a brisa abençoando as horas da madrugada, uma pequena tela se materializou à sua frente. Algo espantado, divisou pessoas se movimentando na tela qual se ali estivesse sendo exibido um filme. Identificou um bar e Amílcar nele, embriagado, em briga violenta com dois de seus colegas. Logo a cena mudou para um hospital, onde Amílcar estava sendo operado. Uma placa tomou conta de toda a tela e ele pôde ler uma frase pulsante: “VOCÊ SE VINGOU. FELIZ?”

Neste momento a tela se apagou e ele pôde divisar, a pequena distância, Maristela, na companhia de uma jovem, cuja silhueta era delineada por luz safirina. Em outro ângulo, lá estava Amílcar com dois homens bem fortes que ele reconheceu de pronto: eram os pretores de Justus... Com os pretores, suas mães, que, assim como a jovem, traziam a silhueta emoldurada de luz azulínea.

Todos os espíritos aproximaram-se dele, amparando Amílcar. Percebeu que ele não estava bem, com vários machucados. Sentiu compaixão por ele e arrependimento. Ia se desculpar quando acordou, com a lembrança de um sonho, no qual ele contratara dois brutamontes para bater no Amílcar.

Profundo mal-estar se apossou dele.

Depressa, concluiu que sua consciência o acusava de ter cometido um grave ato. Seria a surra em Amílcar?

Quando estava com a esposa, durante o café matinal, ela queria contar-lhe ter tido um sonho muito nítido: dois brutamontes, a soldo de Mateus, dando uma surra em Amílcar...

Algo indecisa, receava tocar no assunto com Mateus, mas acabou por se decidir a narrar-lhe o tal sonho. Foi com grande espanto que ao fazê-lo percebeu que o marido ficava pálido à medida que ela ia dizendo como as coisas aconteceram no sonho.

Quando terminou, Mateus murmurou:

– Eu também, eu também sonhei que o Amílcar levou uma lição bem dada.

Respirou fundo e confessou:

– E sabe quem mandou os dois capangas bater nele? Sabe quem? Eu!

– Meu Deus! Se nós dois tivemos o mesmo sonho, isso parece um sinal de Deus...

– Como assim?

– Sugiro que você procure saber como está o Amílcar.

– E se ele nem quiser me ver? Já esqueceu que ele falou mal de você?

– Não, não esqueci. Como não esqueci também que você andou muitos dias com ódio dele... E o ódio, tanto quanto todos os demais sentimentos, tem repercussão no mundo espiritual.

– Lá vem você de novo com esse negócio de espíritos...

– Se puder, dê-me outra explicação para que eu e você víssemos dois brutamontes espancando o coitado do Amílcar. Você reconheceu algum deles?

– É... na verdade, eu não os conheço... mas, no sonho, conhecia...

Maristela foi objetiva:

– Pense bem e me responda: bem lá no fundo da sua alma, você acha que esse sonho é fantasia ou é verdadeiro?

– Não preciso pensar: eu não contei para você, mas fiquei sabendo que ele estava hospitalizado... E sabe por que foi parar no hospital? Brigou num bar e dois amigos dele surraram-no...

– E você não sentiu nenhum arrependimento?

– Arrependimento? De quê? Pois não foi ele que me ofendeu?

– Mas, imagine se você fosse o responsável pelo problema dele.

– Como poderia? Nunca mais o vi.

– Acordado... mas em sonhos... quando dormimos, nosso espírito vai para o lugar onde nós colocamos o pensamento, nas coisas que desejamos... já pensou se você se encontrou com bandidos e pediu para eles surrarem o Amílcar?

– Valha-me Deus! Isso não é possível!

– Não? E os sonhos, meu e seu?

Assustadíssimo, Mateus pensou, pensou e decidiu:

– Num ponto você tem razão: por que nós dois iríamos ter o mesmo sonho? Vou procurar saber agora como ele está, mas sem me aproximar.

Quando Maristela contou-lhe o sonho que tivera, dúvida não teve: o céu estava mandando-lhe um recado. Cabia a ele, agora, acatar ou não a sugestão implícita no sonho, ou seja, ir até Amílcar.

Lembramos que as imagens que foram projetadas lá na praia foram extraídas da mente de Amílcar, então presente ali, tudo sob proteção espiritual e apoio fluídico das mães dos pretores, que, inclusive, plasmaram a tela.

Quanto a Euzébio e Franco, oportunamente, também em desdobramento, seriam levados a encontro pacificador com Amílcar. Poderiam ou não aceitar...

E assim, Mateus ficou alguns dias com aquele sonho na cabeça, até que os dois pretores, sugerindo-lhe o arrependimento, conseguiram que ele telefonasse para Antônio, que era um bom amigo seu, na empresa da qual fora despedido. Quando o amigo atendeu, foi direto:

– Fiquei sabendo que o Amílcar esteve hospitalizado e já faz algumas noites que tive um sonho ruim com ele... Queria saber se ele está bem...

– Então você não soube?

– O quê?

– Ele precisou ser internado no hospital depois de uma briga num bar... estava embriagado e ofendeu dois amigos que bateram tanto nele que ninguém sabe como é que não morreu...

– Esses amigos dele... quem eram?

– Colegas de jogo e de bebida...

– Onde ele está?

– Na enfermaria da Santa Casa, onde deverá ficar por mais alguns dias. Mas está quase recuperado. Interessante você ter me telefonado justamente hoje e ainda por cima para saber dele...

– O que é interessante nisso?

– É que ele também me telefonou hoje. Depois da alta, ficará ainda alguns dias sem poder trabalhar. Mas pediu-me para ajudá-lo a arranjar algum serviço.

– É... aquele bobão era bem competente... quase igual a mim...

– E você, o que tem feito?

Mentiu:

– Estou com uma oficina própria e, se Deus quiser, as coisas, que já estão boas, vão melhorar.

Antônio baixou o tom de voz:

– Se você puder me receber, gostaria de passar na sua casa, quando sair do serviço. A gente precisa conversar...

Mateus percebeu algo nas entrelinhas. Confirmou a visita.

Desde que Mateus fora despedido da firma em que trabalhava, vinha pensando em montar uma oficina por conta própria. Para tanto, contava com a importância recebida pela dispensa trabalhista e com suas economias.

Era exímio artesão de artigos de alumínio, executando com perfeição tanto balcões quanto esquadrias e portões artísticos. Essa qualidade o levara ao cargo de gerente-geral da produção, no último emprego.

Próximo à sua casa havia um grande galpão para alugar, desocupado havia muito tempo. Conhecia o proprietário e conversou com ele, tendo praticamente fechado o negócio, isto é, o aluguel.

Fez orçamento de algumas ferramentas especializadas e apenas aguardava a confirmação de alguns orçamentos que já fizera para alguns empreiteiros de obras que conhecia para consolidar seu intento profissional.

Já quase à noitinha, Antônio chegou. Abraçaram-se. Mateus, sem resistir à curiosidade, antes mesmo de entrarem na casa, implorou:

– Pelo amor de Deus, Antônio, sei que você tem alguma coisa para me contar... O que é?

O amigo pigarreou e como se todo mundo estivesse ouvindo falou baixinho:

– Vamos entrar e lá dentro eu conto tudo...

Após cumprimentar Maristela, Antônio disse:

– Há dois dias fiquei sabendo, lá no departamento de produção, que uma imobiliária está iniciando a construção de um condomínio, muitas casas, numa gleba defronte ao mar...

– E daí?

– A nossa empresa, isto é, na qual eu ainda estou, não quis participar dessa obra e quando o pessoal da imobiliária quis saber o motivo foi dita a verdade: não seria possível entregar a encomenda no prazo, pois estamos sobrecarregados e com pedidos para os próximos quatro meses...

– E por que você está me contando tudo isso?

– Ora, então não percebe que você, "o melhor artesão de alumínio desta cidade", pode pegar essa encomenda?

– Eu?! É... posso tentar. Mas não entendo por que você está com ares de segredo, para um pedido de algumas peças.

– Algumas peças?! Meu amigo: é coisa para mobiliar cem casas de luxo! O condomínio é de classe alta!

Agora foi Mateus quem não se conteve:

– Cem?! Será possível?

– Sim: é possível. Só que tem prazo apertado para entrega.

– Como... como é que eu poderei entrar em contato com a imobiliária?

– Como? É só ir até lá e apresentar suas credenciais.

E assim, num mesmo dia, Mateus teve duas surpresas: a primeira, a de saber que Amílcar, outrora seu amigo, agora em recuperação, quase tinha morrido; e a segunda, a de que havia perspectivas de concretizar seu sonho de ter a própria firma de construção de artefatos de alumínio para obras residenciais.

Antônio forneceu o nome da imobiliária e o nome do comprador da imobiliária que havia procurado a empresa para contratar os serviços, sem sucesso: Xavier.

Quando Antônio os deixou, Maristela, bastante sensata e boa companheira, aconselhou o marido a procurar Amílcar e convidá-lo a trabalhar com ele:

– Afinal de contas, não era você que sempre dizia que ele era o *segundo* projetista, esmerilhador e soldador do mundo?

Completou:

– Além do mais, caso você consiga essa encomenda, sozinho não irá mesmo dar conta.

– Você tem razão. Primeiro, tentarei ganhar o pedido e, depois, até posso procurar o Amílcar e o pessoal que eu demiti lá da empresa.

Seja como for, o fato é que no dia seguinte Mateus foi à imobiliária, sem levar nenhuma referência. A conselho da esposa, convidaria o responsável a acompanhá-lo a algumas casas mobiliadas com peças de alumínio que ele havia fabricado. Aliás, muitas eram essas casas, esparramadas pela cidade praiana.

Ao ser atendido, disse que queria falar com o senhor Xavier. Citou do que se tratava e esperou bastante até ficar frente a frente com ele. Após ouvi-lo, Xavier encaminhou-o ao engenheiro dono da imobiliária, doutor Souza.

Quando ficaram frente a frente, Souza foi logo dizendo:

– Estamos com pressa... muita pressa... quais são suas credenciais?

Mateus lembrou-se do conselho da esposa e respondeu calmamente:

– Minhas credenciais estão espalhadas por diversas casas desta cidade, pois muitas delas têm caixilhos que eu e minha equipe projetamos, construímos e instalamos.

– Quais casas?

– Se o senhor quiser, podemos agora mesmo ir visitá-las.

– Sim. Primeiro, queremos visitar a sua empresa. Podemos ir agora?

Aí, Mateus sentiu um frio na boca do estômago. Que empresa? Ele sequer tinha o prédio, as máquinas, ferramentas... nem auxiliares...

Numa fração de segundo, captou que toda a sua enorme expectativa de conseguir aquela fantástica encomenda estava para se esboroar.

Honesto, não titubeou. Decidiu, em poucos segundos, contar a verdade...

Se Mateus foi pego de surpresa, para as mães dos dois pretores, que o acompanhavam, isso não aconteceu. Desde que seus filhos foram conduzidos ao centro espírita e lá fizeram sincero voto de arrependimento e reconstrução do mal que vinham causando, ambas receberam incumbência, vinda do Mais Alto, para se ocuparem daquele que denominaram "processo Justus".

"Processo Justus", em linhas gerais, previa a recuperação de tantos espíritos transviados, uns com mais, outros com menos culpas. Mas todos em equivocado comportamento. Os dois pretores, obviamente, faziam parte da lista de espíritos a, primeiro, reformarem-se moralmente. Gratíssima tarefa para suas mães! Aliás, eles eram peças fundamentais nessa nobre missão, pois melhor do que ninguém conheciam os detalhes e muitos dos envolvidos. Além do mais, estavam muito treinados em hipnose. Negativa, até então. Agora, mudariam o influxo mental para "indução ao bem".

Os dois bons espíritos decidiram, com seus filhos e o espírito da jovem protetora de Maristela, que as pessoas que direta ou indiretamente se relacionavam com o caso "179/1", sempre que possível, receberiam visita e teriam a presença de ao menos um deles.

Uma das mães dos pretores, que até então acompanhava Mateus, foi rapidamente até a sala contígua e induziu o filho do doutor Souza a ir falar com o pai. E foi assim que quando Mateus ia começar a dizer sobre a sua situação, Adilson, filho do doutor Souza, adentrou na sala, acompanhado da mãe do pretor. Adilson, ao ver Mateus, cumprimentou-o efusivamente:

– Olá, grande mestre do alumínio. Que bons ventos o trazem até aqui?

Foi o pai quem respondeu:

– Nosso amigo tem uma empresa de alumínio e está querendo pegar a obra lá do condomínio – caixilhos, grades e balcões. Mas, diga-me: de onde você o conhece?

– De onde? De onde?! Pai, foi ele que construiu todas as janelas e batentes da minha casa! E também do Shopping F-Sul. Ele é o gerente de produção da "Alum-In".

– Xavier me disse, ontem, que a "Alum-In" não pode fazer o serviço...

Adilson dirigiu-se a Mateus:

– É verdade isso? Por que "vocês" não querem pegar essa obra?!

Mateus não conseguiu mais represar a verdade:

– Não trabalho mais lá. Aliás, estou justamente montando uma empresa para trabalhar no que sei fazer e por conta própria. Só que...

– O quê? – perguntou Adilson, aflito.

– Eu ainda não acabei de montar minha empresa.

– O que está faltando? – perguntou agora doutor Souza, cismado.

Mateus, abatido, respondeu:

– Quase tudo!

Pai e filho se entreolharam, não entendendo o que aquele "quase tudo" significava.

– Explique melhor – ordenou o doutor Souza.

Sempre intuído pelas mães dos pretores Mateus contou:

– Vou falar a verdade. Não sei se os senhores ainda vão querer fazer negócio comigo... É que eu estou quase completando as instalações, pois já tenho um enorme galpão para alugar e fiz uma pesquisa de preços das máquinas, ferramentas e materiais necessários para começar. Tenho algum dinheiro que venho juntando, mas não é o suficiente para equipar minha oficina de forma a atender a essa encomenda dos senhores...

Nesse momento, as mães dos pretores decidiram participar, sem contudo decidir o que viria. Cada uma impôs a destra na fronte do filho e do pai.

Adilson, "de repente", teve uma idéia:

– Mateus: por favor, aguarde um minutinho só na sala de espera, que eu quero conversar uma coisa com papai. Já, já, você volta.

Acabrunhado, Mateus retirou-se.

Adilson, a sós com o pai, com os olhos brilhando, sugeriu:

– Pai, tive uma idéia: por que você não faz um contrato de exclusividade com o Mateus? Ele é "fera" em alumínio. O melhor! Assim nós ficaremos tranqüilos e com uma preocupação a menos.

Vendo que o pai sinalizou concordância, Adilson complementou a sugestão:

– Se ele topar ser nosso projetista e construtor exclusivo de material de alumínio, poderemos comprar as máquinas, as ferramentas e a matéria-prima para esse condomínio. Entregamos tudo a ele, que irá pagando à medida que novas encomendas forem feitas. A cada encomenda, daremos a ele metade do dinheiro pela mão-de-obra, ficando a outra metade para amortizar o pagamento das máquinas. Logo ele terá sua oficina completa, que praticamente trabalhará "terceirizada", exclusivamente para nossa imobiliária.

Souza já tinha simpatizado com Mateus e mais ainda gostou da sinceridade dele. Por isso, decidiu:

– Você tem razão. Vamos fazer assim. Chame "nosso novo sócio".

Feita a proposta a Mateus, seus olhos brilharam intensamente.

Ficou encarregado de realizar todas as compras, em nome da imobiliária.

Antes, foi elaborado o respectivo contrato, para registro em cartório.

Era quase a hora do almoço quando Mateus saiu dali, com perspectiva de grande realização profissional. Correu para sua casa e contou tudo para Maristela.

Fizeram uma prece de agradecimento a Deus e pensando que estavam sozinhos se enganaram, pois os dois pretores e as mães, além da entidade protetora de Maristela, ali estavam.

Terminada a prece, a esposa de Mateus sugeriu-lhe:

– A primeira pessoa que você deve procurar é o Amílcar. Depois, todos aqueles seus colegas que você mesmo precisou despedir.

– Maristela, o que seria de mim sem você, meu amor?

Beijaram-se felizes, amorosa e demoradamente...

As testemunhas invisíveis ficaram igualmente felizes. Louvaram a Deus.

Mateus dirigiu-se ao hospital.

Ao ser conduzido pelo enfermeiro até o leito de Amílcar, ia trêmulo, mas confiante em Jesus. Os dois pretores praticamente o sustentavam.

Com Amílcar estava o espírito guardião da enfermaria.

Frente a frente com Amílcar, seus olhos brilharam intensamente. Buscando coragem lá dentro da alma, Mateus tomou a iniciativa:

– Amílcar, se eu o prejudiquei, foi sem querer...

Atônito, mas empolgado e feliz, Amílcar balbuciou:

– Fui eu que andei falando umas mentiras... estava com raiva...

– Esqueça. Tenho uma coisa muito séria para resolver e só se você me ajudar é que vai dar certo.

Narrou a grande encomenda que tinha em mãos e convidou Amílcar para se unir a ele naquela bela empreitada. Propôs sociedade, ofertando vinte e cinco por cento de participação.

Amílcar se mostrou um chorão de marca maior, pois começou a soluçar.

O evangélico, no leito ao lado, resolveu intervir:

– Meu caro amigo, o irmão aí andou bebendo, brigou, bateu e apanhou. Mas em boa hora resolveu se aproximar de

Jesus – Aleluia! – e agora deixou Ele entrar em seu coração. As lágrimas dele são por ter visto Jesus – Aleluia!

Todos olharam para o evangélico que sentenciou, aliás, corretamente:

– O Cristo é só caridade e com Ele nos salvaremos! Aleluia, Jesus!

Deve ser realçado que os bons espíritos intervieram nesse caso, mas, como sempre, com respeito integral ao livre-arbítrio das pessoas.

Esse caso (o do "179/1") contou com o auxílio do Plano espiritual, que, na verdade, só uniu pontas soltas. E isso só foi possível graças à disposição dos agentes que se predispuseram, eles próprios, a resgatar seus erros.

Acompanhemos agora o caso "179/2".

Deixaremos a cargo dos leitores analisar e deduzir qual teria sido a profícua ação dos espíritos Operários do Bem, para desatar os nós resultantes da vingança almejada e perpetrada sob requisição de Daniela.

Citaremos apenas alguns detalhes das providências espirituais.

Diógenes, em espírito, decidira retomar para sua vida o amor de Daniela. Em sua alma, falava alto a bênção da paternidade concedida por Deus. E, na vigília, em diálogo com o pai, pretendia ir se desculpar com a enfermeira-chefe.

As duas providências se mostravam regeneradoras.

E, agora, faziam parte do seu dia-a-dia, não lhe dando sossego.

Desempregado, enviara seu currículo para várias empresas, inclusive alguns hospitais. Sua experiência como comprador hospitalar o credenciava ao desempenho dessa função, em grande parte das empresas.

Depois de muito tentar um emprego e de aguardar retorno da remessa dos currículos, foi alegremente surpreendido pela convocação a comparecer num hospital que tinha justamente a vaga de comprador.

Em lá chegando ficou um pouco aturdido ao deparar com a quantidade de candidatos, tendo ele e os demais postulantes passado o dia todo em testes e entrevistas. Ao serem dispensados, foram alertados para aguardar chamado. Que veio dois dias depois. A convocação não definia que a vaga seria dele e sim que apenas dois candidatos tinham sido aprovados, os quais seriam submetidos a nova bateria de testes para definição de quem ocuparia a vaga.

Tal decisão seria feita pela permanência de ambos os candidatos no hospital, por dois dias úteis, em expediente integral. Foi marcada data. Que não se atrasassem – era a advertência final, já que isso representaria reprovação sumária.

E, assim, na véspera, compreendendo que essa era sua grande chance, Diógenes foi até dormir mais cedo para que no dia seguinte não perdesse a hora.

Ramiro, seu pai, até emprestou o carro para ele, pois o hospital era um pouco longe da sua casa.

De manhã, acordou "ao mesmo tempo que o Sol".

Nunca o mundo lhe pareceu tão bonito como naquele momento mágico em que assistiu ao Sol começar seu radiante passeio pelo céu.

Banho tomado e bem arrumado, após o café dirigiu-se ao endereço do seu futuro profissional, distante cerca de uns dez quilômetros da sua casa.

Ainda não se distanciara três quilômetros e bem à frente do seu carro, um apressado quanto irresponsável motociclista atropelou um transeunte.

Moto, motociclista e pedestre caíram, a reduzida distância dele, que até teve de frear bruscamente para não agravar ainda mais o já grave acidente.

Teve dois impulsos mentais, simultâneos: primeiro, sair dali o mais rápido possível, para não se envolver; segundo, tentar ajudar.

Prevaleceu o segundo.

São essas frações de tempo que relógio nenhum do mundo consegue registrar, de tão rápidas e fulgurantes, que por vezes marcam toda uma vida e repercutem em tantas outras...

Agindo como dissemos por puro impulso, de automatismo filantrópico, desceu como um raio do seu carro e amparou os dois feridos. Vendo sangue nos dois, veio-lhe à mente a lição de "direção defensiva", sobre não ser adequado remover vítimas de acidentes e sim aguardar a chegada de técnicos para esse primeiro atendimento. Nesse instante, que a muitos pode ter parecido indecisão, mas que na verdade era a prudência ditando procedimentos, algo inesperado veio em seu auxílio: o motociclista se ergueu, meio tonto e foi até o meio fio, onde se sentou. Seus ferimentos, pôde perceber, eram na mão, cabeça e perna. O pedestre, lúcido mas gemendo, implorou a Diógenes:

– Pelo amor de Deus, me ajude a chegar a um hospital...

Quis se erguer, mas não pôde, pois a perna apresentava fratura exposta.

Algumas pessoas se aproximaram e logo um homem se destacou:

– Sou médico. O ferido precisa ser levado logo a um hospital. Meu carro não está perto daqui...

Diógenes falou de bate-pronto:

– Vamos no meu!

Sob orientação do médico, Diógenes e outras pessoas cuidadosamente situaram a vítima no assento traseiro do carro. Gemendo muito e quase perdendo a voz, o ferido indicou o endereço do hospital que atendia seu plano de saúde. Citou até o telefone para o médico, dizendo que tinha parente que trabalhava lá. No trajeto, o médico que estava acompanhando o ferido deu um telefonema para o número que este indicara e passou instruções, citando a emergência que caracterizava o caso, informando que estavam prestes a chegar e que estivessem a postos para recebê-los.

Diógenes, na hora que ouviu o endereço não atinou onde era...

Também durante o trajeto, num curto telefonema feito do seu celular ao pai, informou-o que infelizmente não poderia ir para os testes finais do emprego que postulava e pediu-lhe que avisasse ao departamento de recursos humanos.

Feito o telefonema olhou para o paciente e teve a impressão de que ele desmaiara.

Ao aproximar-se do hospital, só então, Diógenes se deu conta do local para onde estavam indo: e, mesmo antes de chegar, seu coração começou a bater, descontrolado: aquele era o hospital do qual ele fora despedido...

Tão logo chegaram, quem veio atendê-los à recepção de emergência?

Sim: a enfermeira-chefe, empurrando uma cadeira de rodas e mais dois padioleiros, estes com uma maca hospitalar...

Quando ela olhou para o motorista e reconheceu Diógenes, com manifesto desprezo ia se retirando, pensando em mandar alguém vir realizar o atendimento. Mas o médico desceu do carro e dirigindo-se energicamente a ela deu-lhe breves instruções. Adentrando rapidamente, foi conversar com o colega que atenderia ao caso. Só então ela resolveu participar.

Só aí que olhou para o ferido desmaiado no banco traseiro do carro.

Deu um grito de agonia ao reconhecer quem era o paciente: seu marido...

– Jorge! Meus Deus!

Começou a chorar e entre soluços, vendo Diógenes com a roupa suja de sangue, não se conteve e disparou raiva contra ele:

– Bandido! O que você fez com meu marido?

Ainda chorando, antes de atender o ferido, proclamou:

– Dessa vez você não escapa. Há de pagar caro por mais essa maldade.

Fechou o punho e gritou, desafiadoramente:

– Covarde! Por que não veio tentar se vingar em mim?

Ouvindo toda aquela gritaria e gesticulação enfurecida da enfermeira-chefe, outros funcionários do hospital foram ver do que se tratava. Reconhecendo Diógenes, que ali trabalhara por alguns anos, decidiram levar a enfermeira-chefe para o interior, ao mesmo tempo em que o médico e os padioleiros colocavam o ferido na maca e também adentravam com o acidentado.

Diógenes, em poucos instantes, se viu sozinho, ou melhor, na companhia de olhares inamistosos, que muito o perturbaram e o deixaram absolutamente incapaz de se defender e de explicar que ele não era o responsável pelo acidente.

Alguém do hospital, captando todo o clima de agitação que se formara, em atenção à enfermeira-chefe e para não agravar a situação ou de alguma forma fazer alguma coisa que a prejudicasse, pediu a Diógenes que deixasse seu endereço e telefone.

Diógenes já ia entrando no carro quando foi interceptado:

– Por favor, eu sou investigador de polícia em exercício aqui e preciso dos seus dados.

– Mas eu já deixei meu endereço e telefone. Aliás, todos me conhecem, trabalhei neste hospital. E, além do mais, preciso ir me trocar para me apresentar onde pretendo conquistar um emprego. Nem sei se vai dar mais tempo.

– Não se preocupe. Não vai demorar.

Diógenes não teve como recusar.

Ao mesmo tempo em que o investigador tomava o depoimento de Diógenes, o ferido passou aos cuidados do doutor Antunes Filho, traumatologista do hospital, que atendeu à convocação feita pelo alto-falante. A enfermeira-chefe, que fizera questão absoluta de ficar ao lado do marido, informou-o logo de quem se tratava.

O doutor Antunes Filho procedeu a rápido exame no paciente e constatou que não havia sintomas de colapso. Por isso, determinou que ela o levasse imediatamente à radiologia e em seguida ao centro cirúrgico.

O traumatologista, reconhecendo o colega que até então cuidava do paciente, brincou:

– Então, Henrique, você está querendo tomar meu emprego, hein?

– Que nada, Antunes, essa foi uma tremenda emergência...

– Sorte dessa pessoa... parece até que o anjo da guarda dela estava de plantão, pois foi justamente atropelado na sua frente...

– É, mas mais coincidente ainda é o fato de ele ser marido da enfermeira-chefe daqui.

– Oh!, tantos mistérios, tantas coincidências. Outra é que o rapaz que atropelou e que trouxe a vítima já foi meu funcionário, no setor de compras...

– Não foi ele que atropelou. Foi um motociclista apressado...

– Ah, é? Mas você sabe por que ele não trabalha mais aqui?

– Por quê?

– Porque andou procedendo mal, justamente com quem?

– Não faço a menor idéia.

– Com a enfermeira-chefe...

– Não diga, quantas coincidências, não?

Por gentileza, Antunes convidou o colega a, se quisesse, acompanhar os procedimentos, mas este, por ética, declinou.

Quando o policial fez as primeiras perguntas, Diógenes foi respondendo-as mecanicamente: nome, idade, filiação, endereço etc. Mas a uma pergunta referente ao atropelamento, indignou-se. Perguntou-lhe o investigador:

– Pode justificar ou ao menos explicar como foi que você provocou o atropelamento?

Diógenes percebeu que vários funcionários do hospital, que tão bem o conheciam, olhavam-no com desprezo. É que todos estavam mesmo pensando que ele era o culpado. Sentindo uma quase insuportável onda de calor subir-lhe à cabeça ia gritar, em altos brados, que era inocente, quando viu o doutor Henrique dirigindo-se à saída.

Seus olhares se cruzaram.

Nele, agonia em plenitude, mesclada com o ácido sabor da inocência ferida e da ingratidão, mesmo que aparentemente por desconhecimento da verdade.

No médico, ao contrário, a paz daqueles que cumprem o dever e são reconhecidos.

Doutor Henrique tomou a iniciativa de ir se despedir dele.

– Muito bem, meu jovem, você é o herói nesta história. Admirei muito sua atitude e vejo com enorme alegria que nem tudo está perdido neste mundo.

O investigador e os funcionários, que, de soslaio, presenciavam tudo, algo desconcertados captaram todos que alguma coisa estava errada naquele acontecimento. O policial dirigiu-se ao médico:

– Doutor, por favor, o senhor poderia testemunhar no inquérito que será lavrado?

– Claro, claro.

– Sei que o senhor precisa se retirar, mas gostaria que me respondesse apenas a duas ou três perguntas:

– Sim. Pode perguntar.

Após ter anotado os dados pessoais do doutor Henrique, o investigador apontou para Diógenes e finalizou:

– O senhor viu se esse rapaz estava em alta velocidade?

– O quê?! Como assim? O que você quer saber, de verdade?

– Refiro-me ao momento do impacto do carro dele...

– Mas, que impacto? Pois ele até teve muita presença de espírito e brecou sem nenhum problema.

– Então... o carro derrapou ou deslizou?

– De forma alguma!

– Mas, doutor, se ele brecou, como é que atropelou o pedestre?

– Pelo amor de Deus! Não foi ele quem atropelou. Foi um motociclista apressado.

O investigador mordeu o lábio. Sem o ar autoritário de há pouco, olhou para Diógenes, que calmamente agora murmurou:

– Graças a Deus! Alguém, finalmente, neste hospital fica sabendo a verdade.

Doutor Henrique repreendeu o policial:

– Não acredito que você estivesse pensando que o jovem aqui causou o acidente.

Arrematou:

– Fique sabendo que foi ele quem primeiro socorreu, tanto o motociclista culpado, quanto a vítima.

O investigador dirigiu-se a Diógenes:

– Me perdoe!

E num gesto de grandeza, deu um forte abraço no jovem.

Na mesma hora, os demais funcionários, até então inamistosos, igualmente foram abraçar o ex-colega.

Doutor Henrique olhou para Diógenes com profunda admiração e sem dizer palavra foi saindo.

No mesmo instante, o motociclista atropelador chegou ao hospital, levado por seu patrão, que o amparou para poder descer do carro. É que estava com fortes dores na perna e com corte profundo na cabeça, que sangrava muito, além do ferimento na mão.

Além do mais, ao chegar à firma para entregar a moto e ir buscar socorro, deu-se conta de que perdera os documentos no local do acidente. Por isso, seu chefe decidiu que o melhor seria ele ir ao hospital para ser atendido e depois apresentar-se voluntariamente à autoridade policial.

Foi o próprio motociclista que, vendo Diógenes e o doutor Henrique, cumprimentou-os e implorou:

– Graças a Deus que vocês estão aqui. Vocês viram que eu não tive culpa, que aquele homem saiu da calçada fora da faixa de pedestres. Por caridade, sejam minhas testemunhas!

O doutor Henrique foi compassivo:

– Ninguém atropela alguém por querer, a não ser que seja maluco. Eu não poderia testemunhar sua inocência ou culpa, pois não presenciei exatamente todos os lances do atropelamento.

Diógenes se adiantou:

– Embora você estivesse com muita pressa, na verdade, o pobre do homem de fato se distraiu e desceu da calçada no lugar errado.

O investigador se deu por feliz, pelo fato de ter todos os envolvidos já devidamente qualificados. Só faltaria a versão da vítima para concluir suas anotações e encaminhá-las ao órgão judicial competente.

Quando Diógenes chegou a casa, com as roupas algo amarfanhadas e acabrunhado por ter perdido a chance de disputar o emprego, seu pai estava esperando-o:

– A seleção ficou para amanhã!

– O quê? Como assim?

– Telefonei para o hospital como você me pediu e me disseram que a seleção estava transferida para amanhã, no mesmo horário.

Esse adiamento contou com as mães dos dois pretores que agiram devidamente autorizadas por entidade elevada que supervisionava "o processo Justus". Apenas fizeram com que o responsável pela seleção tivesse um ligeiro mal-estar, impedindo-o de realizá-la. Mas, antes da hora do almoço, ele já tinha passado...

Bem.

No dia seguinte, Diógenes compareceu ao hospital e, ao fim do dia, a vaga era sua, depois de avaliadas as qualidades profissionais dos dois candidatos.

Será fácil deduzir que a vitória de Diógenes se deu por mérito profissional, sem interferência do plano espiritual. O que de fato a espiritualidade amiga providenciou foi o ajuste do tempo para que Diógenes estivesse onde estava no momento em que ocorreu o atropelamento pela motocicleta[26].

Diógenes poderia socorrer a vítima ou não. Fazendo-o, deu grande passo para recompor sua desavença com a enfermeira-chefe.

Assim que pôde conversar com o marido a enfermeira-chefe ficou sabendo da verdadeira ação fraternal de Diógenes, bem diferente do que ela havia imaginado. Compenetrou-se de haver cometido terrível injustiça com ele...

Envergonhada, não sabia o que fazer.

Pensava: "na verdade, aquele moço sempre se mostrara educado, competente e respeitoso; decerto, o que aconteceu naquela infausta madrugada, só pode ter sido por causa de *influências espirituais do mal*".

---

26 – Nas questões 525 e 526 de *O Livro dos Espíritos*, Allan Kardec registrou que os espíritos se valem de determinados acontecimentos e inspiram pessoas a agirem de forma a que se cumpra programação pré-reencarnatória. Essa providência jamais ocorre fora das leis da natureza (justiça divina). (N.M.)

Assim pensando, pediu a Deus um jeito de desfazer o mal-entendido, isto é, ajudá-la a se desculpar...

Os dois pretores, que a acompanhavam, induziram-na a contar para o marido tudo o que havia acontecido, sobre Diógenes. O assédio daquela madrugada e agora o providencial socorro que ele realizou.

Foi o que fez. Não ocultou nada.

Sensibilizado, tanto pelo acidente, quanto pela confiança da esposa, o marido não pensou um segundo e disse para ela ir se desculpar, o mais rápido possível, e de preferência, frente a frente com o jovem.

Vendo esse quadro positivo, os dois pretores foram até Diógenes e sugeriram-lhe ir visitar o atropelado e tentar explicar à enfermeira-chefe o que de fato havia acontecido. E depois pedir desculpas por seu comportamento "daquela madrugada"...

Quando Diógenes entrou no hospital, já no fim da tarde, foi então festivamente recebido pelos colegas que tinham sabido de tudo. Eles próprios, inclusive, conduziram Diógenes até o aposento em que o atropelado estava.

Diógenes viu o casal, que sorriu para ele.

Estava coroada de êxito a providência textual do plano maior.

Olharam-se.

– Peço que você me perdoe. Fui muito injusta.

– Gostaria que a senhora me perdoasse. Outro dia fui irresponsável.

Os pretores resolveram aplicar seus conhecimentos: sugeriram com energia que se abraçassem. Essa era realmente uma atitude difícil de ser tomada. Mas ambos eram mesmo bons nessas tarefas e agora a força do bem estava do seu lado, força essa muito maior do que a do mal.

Num impulso que a emoção comandou, Ambrósia e Diógenes de fato se abraçaram, num puro sentimento de fraternidade.

Num segundo, ali terminou, de forma sublime, um problema que poderia durar sabe Deus quanto, talvez se transferindo de reencarnações.

Radiante, sentindo "que Deus estava do seu lado", Diógenes decidiu que agora era hora de procurar Daniela...

Não titubeou. Foi até a casa dela, com dupla escolta: os pretores.

Tocou a campainha. Ela atendeu.

– Você?!

– Sim.

Ficaram se olhando por segundos que pareceram horas. Ele, objetivo:

– Vim saber como está passando meu filho e a mãe dele, aliás, minha futura esposa...

Daniela começou a chorar. Rápido, Diógenes adiantou-se e abraçou-a.

A aura dos dois se entrelaçaram de tal forma que, talvez, até onde nos é permitido imaginar, jamais se deixariam.

Tamanha e tanta era a luz espiritual do casal que duas testemunhas invisíveis até precisaram esfregar os olhos: os pretores...

E, ainda, um espírito prestes a reencarnar – o filho de Diógenes e Daniela –, nas brumas mentais que são comuns para a maioria dos reencarnantes, diante de tão abençoado evento, igualmente foi envolvido por benéficas vibrações, assegurando futuro parto sem contratempos e fortalecimento familiar para os três.

nove

"Xeque-mate" — na vingança

Recolhido ao "Pavilhão das justas causas", Justus não se conformava com tantas e repetidas derrotas, tão próximas umas das outras.

É verdade que já havia sido derrotado em outros grupos, mas jamais naquela seqüência de insucessos.

Cada vez mais dirigia seus malévolos pensamentos contra Leo.

Olhando o Pavilhão, agora vazio, teve a lembrança da primeira vez que adentrara naquela imensa caverna, há tanto tempo...

Em seu íntimo, alguma coisa feriu-lhe a inteligência, pois não trazia a firmeza de sempre.

Tantos e tantos tempos ali reinara absoluto, com prepotência sem limites...

E a prepotência, sabidamente, é uma daquelas equivocadas forças que quando se instalam na alma, mais e mais a afasta da humildade. Essa é a tônica obsessiva na formação dos ditadores.

Percorrendo toda aquela enorme dependência nunca ela lhe pareceu tão solitária como naquele instante. Passou de tocha em tocha e foi com amargor que viu as três primeiras apagadas e as cinco demais mortiças, quase se apagando. Era indiscutível: agora estava sozinho e depois... ainda ficaria mais isolado.

Mente aguçada, espírito indômito, altivo e fixado no poder, não se deixou abater, em princípio. Dando conta de que estava em desvantagem, como jamais estivera, imaginou reverter tal quadro: "não me deixarei abater nem me submeterei às frágeis emoções que a solidão tão bem sabe despertar nas almas pequenas".

Em circunlóquio mental, fraseava para si mesmo: "eu, o grande juiz, não me deixarei envolver nem ser enquadrado por sentimentos que de alguma forma espelhem titubeio. Isso não! Sou o grande árbitro que vem proferindo sentença final em tantos e tantos conflitos e jamais nenhuma delas, jamais, foi impugnada".

Arrematou o infeliz devaneio: "poderoso como sou, como é que estou me deixando levar como folha caída na correnteza da vida?"

Deu repetidas voltas pelo sinistro local, recordando as dezenas e dezenas, talvez centenas de "requerimentos" que ali despachara. Tal lembrança proporcionou-lhe alguma energia, tanto que se autodeterminou:

1º – analisar detalhadamente como as coisas chegaram àquele ponto;

2º – identificar onde falhara a ponto de surgirem inaceitáveis interposições às suas ordens;

3º – punir severamente o culpado: Leo, em princípio, e depois, os que o seguiram.

Já para a primeira reflexão teve consciência de que o grupo "179" era diferente de todos os anteriores; na segunda, de pronto identificou que se equivocara, não apenas com Leo, mas com todos os demais requerentes, que não foram fiéis, nem a si mesmos, menos ainda a ele, que os acolhera em suas pretensões de vingança.

Como conseqüência desses retrospectos, emergiu uma certeza: urgência na reconstrução da obra que edificara, mantivera e agora se desmoronava. E o único jeito seria enquadrar os desertores: Leo e os companheiros dele.

Estando sem os pretores e sequer sem o abobalhado vigia da entrada do Pavilhão, que também desertara, entendeu que ele próprio teria de executar a corrigenda aos infiéis do "179", pois não tinha paciência para preparar novos auxiliares, o que demandaria tempo.

Em meio às lucubrações, lembrou-se de Renata.

No mesmo instante, algo superior às suas forças e de forma absolutamente inesperada alcançou-o: percebeu ajuntamento de gente na entrada do Pavilhão... "Certamente são novos requerentes", pensou.

Dirigiu-se para lá, surpreendendo-se, antes, pelo fato de as cinco tochas se apagarem simultaneamente. O Pavilhão ficou totalmente às escuras. Sua permanente autoconfiança, outra vez, ficou abalada. Não atinou com o que aquilo significava. Mas sem se intimidar, petulante e imponente, dirigiu-se à entrada. E mais uma vez foi surpreendido ao divisar, mesmo do escuro do Pavilhão, luzes do lado de fora, onde logo identificou alguns componentes do "179". Só que estavam escoltados por duas mulheres luminosas, além dos dois pretores, eles também com fraca luminosidade. Nenhum dos requerentes ostentava mais a listra...

Agora sim: a insegurança visitou-o.

"Como é que, em seus domínios, aqueles intrusos traziam os requerentes seus conhecidos, todos de mãos dadas, demonstrando todos calma e segurança? E os dois pretores, auxiliares que ele forjara para cumprir suas ordens, como é que o olhavam de um jeito tão diferente, sem raiva ou medo, mas com dó?"

Captou que não mais comandava ninguém ali, à sua frente.

Se vieram até ele é porque algo tramavam...

Tão logo pensou isso disparou chispas fluídicas incandescentes em direção ao grupo, intentando arrasá-lo. Nada feito: as faíscas que saíam do seu tórax mais pareciam humildes velas quase apagando, de frágeis chamas que na mesma hora se extinguiam. Sempre com seu poder mental, tentou criar armas "de fogo", com as quais expulsaria para longe os intrusos. Tentou, mas não conseguiu. Um poder maior que o seu ali se expressava...

Foi com candura que uma das mulheres se dirigiu a ele:

– Salve, irmão Justus, estejamos com Jesus!

Naquelas sombrias paragens jamais uma voz tão suave fora ouvida.

– Quem são vocês? Como se atrevem?

– Pois não vê? Somos os amigos dos seus amigos. E de você também.

– Eles não são meus amigos, são traidores. Quanto a vocês duas, jamais as vi.

– Traição, caro Justus, é alguém ignorar a existência da justiça divina no mundo e imaginar que pode ser executor de sentenças que ele próprio lavre.

– A justiça não pode ter mais que uma face. E eu estou do lado da verdade. Justiça, em qualquer quadrante do universo, é que quem deve tem de pagar. Fora desse enquadramento, não será justiça.

– Justus, Justus, o que você chama de verdade e de justiça não passa de um grande equívoco. E, ademais, quem somos nós para julgar o próximo?

– Como ousa me corrigir? Então desconhece quem sou?

– Não, Justus, não desconhecemos quem você é. Não viemos aqui para discutir sobre seus conhecimentos ou seu procedimento. Viemos apenas para dialogar.

– Não lhes dei permissão para virem. Isso é uma invasão.

– Não estamos invadindo seu território, pelo simples motivo que o mundo, todo ele e como de resto todo o universo pertencem a Deus.

– Aqui sou plenipotenciário. Aplico justiça aos que me procuram.

– O que você chama de justiça, na verdade, é vingança. Viemos em paz e em nome da caridade de Jesus, com absoluto respaldo na assertiva cristã de que é preciso perdoar sempre, se preciso, "até setenta vezes sete..."[27].

– Dispenso suas citações bíblicas, pois meu norte está dirigido para a lei do "olho por olho, dente por dente".

A outra mãe do pretor, com extrema bondade, ofereceu-lhe:

– Estamos convidando-o para se unir a nós e juntos irmos para uma região onde o Sol aquece e ilumina a todos.

– Estou muito bem aqui. Exijo que se retirem, senão...

As mães dos pretores ficaram alguns instantes em silêncio e logo a seguir finalizaram o encontro:

– Fique em paz, meu irmão. Lembre-se de Jesus se em algum momento de sua vida você não souber o que fazer da sua existência.

27 – Mateus, 18:22. (N.E.)

Despedindo-se com um sorriso ameno e fraternal, a outra mãe disse-lhe:

– Estaremos sempre dispostas a atendê-lo, quando a compreensão visitar sua alma.

Retiraram-se todos, sempre de mãos dadas.

Nunca, como naquele momento, Justus sentiu-se tão solitário.

O Pavilhão estava às escuras e ele não mais conseguia acender as tochas.

Voltar para o interior seria como equiparar-se a um animal em fuga, abrigando-se em furnas, escondendo-se de predador.

Rememorando os últimos instantes, deu-se conta de que os requerentes de números 1, 2 e 3 (Mateus, Daniela e Leo) não estavam no grupo. Relembrou que os dois primeiros já haviam sido atendidos e que se Leo não viera, provavelmente ele, além de desertor, possivelmente teria incentivado e conseguido as demais deserções e nunca mais voltariam.

Um pensamento foi tomando vulto em sua mente: aquele moço bonito e vaidoso era o ponto central desse desconforto que ele estava passando. Sem que conseguisse atinar com a causa, de fato, desde que o vira, alguma coisa nele o intrigava. Mas não sabia o quê. Era urgente, pois, colocar, ou melhor, recolocar as coisas nos devidos lugares. Decidiu: "preciso reencontrar aquele infeliz e acabar com ele de uma vez. Já o fiz desmaiar e adoecer, mas penso que agora é chegada a hora de pôr um ponto final na sua traição".

Do lado de fora do "Pavilhão", sempre em brumas, contudo sabendo que no plano físico ainda era dia, decidiu esperar pela noite, quando seria mais fácil reencontrar Leo. Assim fez. Ventos com sons lúgubres que em incessantes golpes de ar ali passavam não o amedrontaram. Nem o frio intenso. Assim, bem mais tarde, no meio da madrugada, pondo-se em forte concentração sobre a figura de Leo, não tardou a captar que naquele momento estava internado num apartamento hospitalar. De fato, por decisão do neurologista, o paciente teve de permanecer hospitalizado, em observação, por quarenta e oito horas.

Leo, no momento, dormia.

Atraí-lo foi ação que Justus realizou sem a menor dificuldade, pois entre ambos havia forte ligação espiritual, negativa, antiga...

Leo, em perispírito, iniciando gemidos lancinantes, viu-se levado por desconhecida força para as proximidades do terrível ambiente do "Pavilhão das justas causas". À medida que se aproximava daquele infeliz local, mais e mais gemia.

Logo chegou àquele sítio e viu Justus. Atirou-se contra ele, qual fera. Mas, Justus o aguardava e com um jato fluídico maligno fez com que o jovem recebesse terrível impacto no aparelho digestivo, passando a sentir dores horríveis, com repercussão física.

No quarto de hospital, o paciente que dividia com Leo o quarto acordou com os gemidos dele. Aproximou-se cautelosamente e colocou sobre seu peito uma Bíblia. Na mesma hora, Justus se viu arremessado aos ares, indo cair numa fogueira acendida por pobres mendigos, denominados "sem teto". Captou, no mesmo instante, que fora arremessado, como de vezes anteriores, por alguma força estranha, "a serviço de Leo". Seu ódio aumentou.

Leo despertou, gemendo cada vez mais alto. Atendido pelo plantonista, foi sedado e conseguiu dormir até de manhã. Para os que o vissem dormindo, parecia que estava em sono reparador, mas em verdade, não era isso que sua alma vivenciava: com efeito, sem identificar como é que tudo estava acontecendo, via-se obrigado a assistir a uma espécie de sessão de cinema. O astro principal do roteiro que se desenrolava à sua frente era... ele. Como se ressuscitassem, cenas mortas voltaram à vida e ele se via humilhando moças, uma por uma, as quais, "no filme", após a desilusão e sofrimento a que ele as expusera, endereçavam-lhe chispas de ódio. Depois, muitos parceiros de trabalho e de jogo de xadrez apareciam rindo por fora, mas xingando-o violentamente, por dentro.

Quando seus pais o visitaram, ficaram preocupadíssimos ao saberem do ocorrido durante a noite.

No decorrer do dia, Leo foi submetido a vários exames complementares. Nada foi constatado, contudo, passou o dia em grande agitação.

Cristina conversou com o marido e juntos solicitaram permissão ao médico que atendia seu filho para que ela permanecesse ali com ele, durante a noite. A solicitação foi atendida.

E assim, à noite, quando o silêncio envolveu o hospital, Cristina, à cabeceira do filho, perguntou ao outro paciente se ele se importaria se ela lesse em voz alta um trecho do Evangelho de Jesus. O homem, de pronto, anuiu e declarou que até "achava bom". Cristina leu, do capítulo 5 e do item 23 de *O Evangelho Segundo o Espiritismo*:

"(...) Em vez de procurar a paz do coração, única felicidade real aqui na Terra, [o homem] é ávido por tudo aquilo que pode agitá-lo e perturbá-lo, e, coisa curiosa, parece criar propositadamente tormentos que dependia só dele evitar".

Leo acalmou-se e quando a enfermeira trouxe os sedativos o paciente dormia tranqüilamente. Segundo previsão médica, o remédio foi dispensado.

Nova noite de sonhos fantasmagóricos: nessa noite, sob a proteção das preces de sua mãe, que passou a noite toda lhe segurando a mão, foi que as mais surpreendentes coisas na vida de Leo aconteceram: sentiu-se conduzido a um local, cuja penumbra lembrou-lhe uma caverna. Não conseguia ver nada mais de um metro à frente.

Pensou que estava no "Pavilhão das justas causas", mas logo percebeu que não. Enxergando um pouco mais, viu surgir diante dele um homem de terrível semblante. Não sentiu temor algum. Pensou que fosse Justus, mas não se parecia com ele... Contudo, tinha forte impressão de que o conhecia. Aí, lembrou-se: era o jogador de xadrez que sempre ganhava dele e que ao tomar suas peças, no jogo, caíam seus dentes. Amedrontado, inquiriu o estranho:

– Quem é você?

– Sou "o legislador". E você, quem é?

– Legislador? Para mim você não passa de um enganador. Toda vez que jogamos você me hipnotiza e eu imagino que perco dentes. Mas agora chega: não jogarei mais com você.

É fato notório nos meios espíritas a questão do recrudescimento obsessivo imposto pelos espíritos malvados sobre as pessoas que estão no início da auto-reforma. Sim: quando vêem que suas vítimas buscam o caminho da reconstrução moral, redobram seus ataques, objetivando mantê-las sob seu jugo.

Nos centros espíritas comparecem almas levadas até ali por várias razões, dentre as quais, e na maioria, as que estão com dificuldades – e sofrendo.

As vicissitudes da vida têm vários graus, e as pessoas que por elas são atingidas reagem também de maneira diferente umas das outras.

Mas no centro espírita há também aqueles que ali vão por simples curiosidade. Muitos são os que procuram no Espiritismo a solução para os seus problemas. Há os que, enfermos, imaginam que lá encontrarão cura sem fazer nenhum esforço, nenhuma reforma íntima.

Todos, de alguma forma, estão movidos por buscas, ou para o espírito ou para o corpo, e isso, quase que em regime de "última esperança", pois todas as tentativas e meios anteriores não prosperaram. A maior parte dessas pessoas sofrerá decepção, pois o Espiritismo está na Terra para induzir o homem à automelhoria e não para resolver seus problemas. Pelo menos, de forma direta. Pois que, de forma indireta, as claridades espíritas fazem com que a razão seja usada como poderosa ferramenta.

Sim, a razão, via de regra, equipa-se do bom senso e aí aqueles que adentram no centro espírita equipados da fé em Deus, esses sim, lá serão beneficiados, como, aliás, aonde quer que fossem obteriam os mesmos benefícios.

Deus não tem endereço fixo, ou seja, não está num determinado lugar, mas sim, é onipresente! E isso, em termos universais.

Quando alguém encontra no centro espírita resposta às suas dúvidas, por meio do que ali é lecionado, é comum que a razão passe a ser sua companhia permanente, diante dos atos e fatos do dia-a-dia.

Com base nos ensinos de Jesus, as lições e os exemplos cristãos, rotineira e perenemente relembrados no centro espírita, levam mesmo a alma a encontrar respostas lógicas a todo e qualquer questionamento.

Outra vertente do amor de Deus surge invencível quando um ou mais espíritos, agindo isoladamente ou em conjunto, extrapolam os fundamentos da justiça divina. De forma imediata e inquestionável, os bons espíritos tomam providências enérgicas, seguras e adequadas, de forma a impedir que a Lei Divina de Causa e Efeito seja sequer arranhada, fato que amiúde os espíritos infelizes vivem tentando. Tamanha insânia compõe o maior rol de descaminhos humanos...

Esse tipo de ação socorrista dos benfeitores espirituais tem por fundamento justamente o fato de que quem desrespeita as Leis Divinas está doente e precisa de remédio. No caso, o arrependimento... Jesus lecionou exatamente isso[28].

28 – Lucas, 5:31-32. (N.E.)

Porém, esse socorro ao doente tem por atributo e condicionante a aceitação do remédio que lhe é ofertado. Tornando-se ele obstinado e insubmisso nas inúmeras convocações para se redimir, não haverá outra forma de ajudá-lo senão proporcionando-lhe, à sua revelia, esse mesmo medicamento, só que agora com outra dosagem.

Esse "remédio amargo" será ministrado ao espírito que se recusa a deixar de agir com maldade, já que tais atos contra "inimigos" dele quase sempre respingam, atingindo inocentes. Aliás, mesmo no caso rotineiro de que tais espíritos imaginam que estão com a razão e que seus atos configuram justiça, de forma alguma esse predicado – agir em nome da justiça – é-lhes permitido, sendo atributo exclusivo de Deus, Juiz Supremo e único.

Uma primeira providência medicamentosa é a cassação temporária do livre-arbítrio do réprobo[29]. Uma segunda será anestesiar-lhe a mente, por tempo indeterminado, necessário e suficiente para descongestioná-la. Terceira providência será excluí-lo do meio ambiente em que se encontra e situá-lo em clima ora espiritual, ora terreno, propícios ao tratamento em curso.

Considerando que o acúmulo de maldades danifica o corpo revestidor do espírito (o perispírito), quarta providência cuidará para que haja restauração, só alcançável, de início, com a reencarnação ou reencarnações interrompidas a meio caminho, configurando os pungentes casos terrenos de abortos espontâneos. Tenha-se em alta conta que, nesse caso, o útero materno pontifica como a mais sublime oficina de reparação perispiritual.

Sobre tais acontecimentos, cumpre assinalar que mãe e pai que vêem frustradas suas esperanças da maternidade e paternidade, nem sempre, mas na maior parte das vezes, são aqueles

29 – A resposta à questão nº 847 de *O Livro dos Espíritos*, de Allan Kardec, esclarece que "aquele cuja inteligência é perturbada por uma causa qualquer não é mais senhor do seu pensamento e assim não tem mais liberdade", referindo-se àqueles que, por exemplo, reencarnam no corpo de um deficiente mental. (N.E.)

mesmos que no passado estiveram assessorando quem ora é abortado; para este, o que em qualquer outro caso seria uma calamidade, aqui é bênção inapreciada, pois só assim seu corpo espiritual pouco a pouco se recompõe, utilizando da oficina do tempo, para que, em futuro que não se demora, esteja integralmente recuperado.

Homens de saber, médicos, filósofos, pais e mães: reflitam no quanto de bondade divina há nesses pungentes dramas, nos quais a bateia da vida gira e gira, movida por anjos tutelares, descartando a areia de erros que encobria o espírito imortal, que assim ressurge diamantinamente!

Quinta providência, complementar à quarta e até mais saneadora, será uma ou mais existência(s) física(s) de pouca duração. Não é difícil entender, diante da explicação sobre a restauração do perispírito, que aqui também se dará o mesmo: corpos físicos frágeis e desestruturados, sem domínio mental, vontade apagada...

Cumpridas essas etapas, sempre dentro dos incomparáveis mecanismos do tempo, essa alma despertará vitoriosa à frente, dando seqüência à sua caminhada evolutiva, interrompida por ela mesma há tantos e tantos ciclos existenciais terrenos.

Todos esses comentários vêm a propósito do longo e equivocado percurso do nosso triste Justus e de quantos se acumpliciaram com ele, direta ou indiretamente e que disso ainda traziam resquícios na alma. Soou para eles a abençoada hora em que as Leis Divinas proclamaram: "basta"!

O mundo está cheio desses "justus": espíritos de grande potencial magnético e que desenvolveram grandes inteligências, contudo igualmente desenvolvendo gosto pelo poder, daí resultando serem recapados de orgulho e detentores de grande prosperidade material. Eclipsando a razão, cometem erros sobre erros...

Em sua concepção, não estavam errados: "de forma alguma!", bradam para os quatro ventos. No íntimo, estão sendo sinceros consigo mesmos ao se auto-elegerem ferramentas afiadas da justiça. Arrastam consigo os "requerentes" da vida, tão invigilantes quanto eles.

Sim, também os "requerentes" de vingança os há no mundo, e muitos.

E não apenas no plano denso...

Como Deus é Pai de amor eterno e não desampara nenhum dos Seus filhos, pedagogicamente suspende, por tempo determinado, o direito de escolha daqueles que teimam em dirigir suas vidas para equivocada rota, recusando-se a deixá-la, ficando surdos à voz da consciência que os adverte.

Quando eclode esse abençoado momento – retorno compulsório ao bem –, nada objeta considerar que possivelmente os familiares diretos desses espíritos abortados ou em corpos deformados não o são por acaso... Não todos, é verdade, mas seguramente a maioria, repetimos.

Operando com grande sabedoria e propriedade é que os construtores espirituais, agindo por delegação divina, edificam nova obra sobre escombros morais. Agem assim sem o concurso nem do acaso nem de coincidências, menos ainda aleatoriamente. Nada se improvisa nas coisas de Deus, cuja constante é o bem! Cuidadosos planejamentos reencarnatórios maravilhosamente recolocam os andarilhos desatinados na sublime e reparadora estrada evolutiva.

Leo, os demais componentes do triste grupo alcunhado por Justus de "179", e os envolvidos nos cento e setenta e oito grupos anteriores, na verdade, tinham maior ou menor ligação atávica com aquele poderoso hipnotizador. Muitos, quase todos, não eram tão culpados quanto ele, mas de forma alguma também não eram inocentes. Se ele num momento qualquer de suas atribulações os atendeu é porque foi a isso instado, por requerimento de cada um. E a partir dessa infeliz aproximação, pela inexorabilidade das leis de sintonia e atração, as órbitas astrais dos atendidos não poderiam mesmo deixar de ser algo cativas do "astro principal" – no caso, Justus.

O mais impressionante da ação de Justus é que ele engendrara um processo pelo qual quem hoje é vítima, amanhã será algoz. E na seqüência inversa, numa fantástica rotatividade de ações vingativas – essa, a sua maior culpa.

Em se tratando do caso de Leo, adoecer foi fruto de sua dobrada invigilância. Deve ser aqui registrado que um dos maiores vetores de doenças é a vingança. Basta que ela desapareça da face da Terra para que nove décimos dos doentes se curem...

Leo empregou primeiro a beleza física nos arroubos da vaidade, com isso desestruturando sonhos e sentimentos de sonhadoras almas femininas, ao tempo em que orgulhosamente demonstrava a colegas o poder de sedução da sua beleza, ridicularizando tantas moças. Não bastasse, com sua brilhante inteligência enxadrística vivia humilhando tantos companheiros. Quando jogava uma partida e conseguia vencer – o que quase sempre acontecia –, nos momentos que antecediam o "xeque-mate", fazia-o com extrema vaidade, beirando a maldade.

Não tivesse assim procedido, duplamente equivocado, e não seria por enfermidade que se daria um benéfico choque em sua existência.

Tanto Leo, quanto "o legislador", não conseguiam ver nada mais que um ao outro, devido à forte penumbra que os envolvia.

De repente, luzes fracas de início, mas logo aumentando de luminosidade, foram mostrando que ali, na verdade, era um imenso anfiteatro, de formato circular, qual um circo. E que estava lotado de assistentes, acomodados em assentos individuais. Todos no mais absoluto silêncio.

Assustaram-se, ele e o homem carrancudo à sua frente, ao perceberem que estavam no centro do recinto, sob as vistas de todos os presentes.

"O que aquilo tudo significava?" – era a pergunta íntima dos dois.

"Como é que foram parar ali?" – outra pergunta muda.

Ambas as perguntas, sem resposta.

Minutos se escoaram em continuidade de silêncio até que, quando a situação já ia se tornando insuportável, finalmente ouviu-se uma voz soar em todo o ambiente: "Jesus: abençoe-nos!"

Leo pensou: "onde já ouvi esta voz?"

No mesmo instante, uma suave brisa trouxe para o ambiente agradável aroma de flores silvestres, brindando todos com fluidos de paz.

Um grande portal se iluminou de forma a realçar a entrada de um casal de anciãos, aureolados de luz azulínea, trajando túnicas alvas.

O casal encaminhou-se para perto de Leo e do companheiro mal-encarado.

Leo conseguiu balbuciar:

– Por Deus! Quem são vocês?

Novamente sua memória o auxiliou e lembrou-se de que os conhecera naquele recinto denominado "Jardim dos Girassóis e das Dálias".

O "legislador", num último desvão de autoritarismo também se manifestou:

– Não dei permissão...

Ia continuar, mas a garganta lhe pareceu virar pedra...

Foi neste momento que aconteceu algo ainda mais surpreendente de tudo o que já tinha acontecido ali: a luminosidade passou a ser total, e os assistentes puderam ver com clareza os demais componentes da platéia e começaram a identificar as vítimas de suas vinganças, muitas delas com mais de século.

E as "vítimas", igualmente, identificaram que os "vingadores" também tinham sido alvo de suas vinganças, em loucos movimentos pendulares: ora eram vítimas, ora eram verdugos.

Essa é, realmente, a processualística da vingança, que tende a ir para o infinito, em "solução de continuidade", mas que é sustada por decisão e ação salvadora dos espíritos protetores, cumprindo mandado divino, para o que detêm sublime delegação.

Dentre os assistentes, muitos deles traziam uma faixa avermelhada, atravessada verticalmente no tórax, de maior ou menor intensidade, expondo claramente que em seu coração a vingança ainda se aninhava...

Serenamente, os dois mensageiros celestiais pousaram as mãos sobre a cabeça de Leo e do homem. O ancião proclamou:

– Deus, nosso Pai! É com a voz do coração que agradecemos esta oportunidade. Todos nós, aqui presentes, estaremos recordando, jubilosos, as imortais lições que Jesus nos deixou. Louvado seja, Pai nosso!

Muitos foram os assistentes que começaram a sentir os olhos se encherem de lágrimas que acabaram por rolar faces abaixo.

Tamanha e tanta era a bondade que exalava da voz daquele ancião que as luzes, já feéricas, mais se mostraram radiantes.

A anciã osculou suavemente a face de Leo e depois a do homem.

Disse então em voz maternal que todos os presentes ouviram:

– Jesus permitiu a graça suprema deste reencontro, pois todos nós que aqui estamos temos velhas contas do passado que entrelaçam nossas existências e que estão no limiar de iniciar reajustes. Estivemos subjugados pelo desejo de vingança e não nos será lícito, depois desta reunião, permitir que em nossa mente ainda permaneçam quaisquer resquícios vingativos.

Finalizou:

– Jesus, Mestre de amor! Que a Sua caridade ilumine as trevas que ainda teimamos em guardar no coração.

O ancião, sempre com voz serena, perguntou a Leo, ao homem ao lado e à própria platéia:

– Será que a dureza do coração humano, por nós construída e consolidada, já não nos terá feito sofrer o suficiente?

Ninguém respondeu, mas não houve um só dentre as centenas de participantes daquele evento que não ficasse em estado de profunda reflexão.

Prosseguiu o ancião:

– Nosso silêncio é a resposta que Jesus aguarda, há tanto e tanto tempo, para que suas abençoadas lições sejam assimiladas por todos nós, e muito mais que assimiladas, sejam praticadas.

O ancião percorreu a passo lento todo o círculo da parte central do anfiteatro, sempre olhando firme na direção dos assistentes. Depois, retornou até Leo e o homem, aos quais informou:

– Vocês dois voltam a unir-se e, como são exímios enxadristas, juntos terão ocasião de participar de uma elucidativa e amistosa partida de xadrez. A cada lance seremos contemplados com recordações daquilo que o Cristo de Deus tanto exemplificou.

Leo e "o legislador", surpresos, olharam inquisitivamente para o ancião, como a perguntar: "como voltar a nos unir e juntos jogarmos? e contra quem?".

Captando-lhes o pensamento o ancião, com amenidade, apenas fez um gesto indicando que a partida de xadrez seria entre eles.

A um breve e suave gesto do ancião, uma mesa cujo tampo era um tabuleiro de xadrez foi se materializando bem como suas peças, uma a uma, que foram automaticamente se posicionando. Surgiram também duas cadeiras e o ancião indicou a Leo e ao homem que nelas se assentassem.

Antes do início da partida uma grande tela surgiu na clarabóia do anfiteatro.

No mesmo instante o tabuleiro iluminou-se, como se houvesse minúsculas e poderosas lâmpadas no interior de cada uma das sessenta e quatro quadrículas. Notável que até as casas "pretas" ficaram brilhantes.

Por indicação do ancião, Leo jogaria com as peças brancas.

O ancião convidou Leo e "o legislador" a iniciarem a partida.

O casal de anciãos permaneceu de pé, ao lado dos jogadores.

O impulso para jogar foi irresistível.

É incrível como a mente humana trabalha rápido quando se sente poderosa e visa à vitória, ou a lucros, e como, nesses momentos, de imediato, dá ordens para que eventuais escrúpulos sejam deixados à margem...

Pois quando Leo e "o legislador" receberam tal convite, na mesma hora algo os irmanara e suas auras se transfundiram, pois imaginaram que, juntos, seriam imbatíveis e aclamados por aquela "multidão". Essa aproximação, conquanto sob comando da vaidade, foi um furtivo lance benéfico já acontecido ali, antes mesmo de a partida começar... Paradoxal, mas até do mal Deus tira um bem. Logo se desvaneceria esse clima, substituído pela competitividade.

A voz de um invisível narrador se fez ouvir em todo o recinto:

– Irmãos em Jesus, não imaginem que aqui estão reunidos adversários e sim, almas acumpliciadas em desatinos e que agora terão a redenção como via.

Nesta partida, os lances serão extraídos da mente dos jogadores, somadas às energias que também a mente de cada um de nós exalará. As peças se movimentarão por intuição, e seus movimentos, que espelham a condição da humanidade, farão emergir ao nosso entendimento como o amor de Deus jamais nos desamparou.

Na platéia, em frente a cada assistente, foi surgindo uma pequena tela iluminada, que mostrava a cada um deles uma e outra cena do passado, evidenciando ligações antigas com "o legislador".

Na grande maioria, cada um que via tais cenas, algumas até já esquecidas, sentia um impulso íntimo a uma imediata reparação, entendendo o quão errado estivera então.

Iniciada a partida, a cada lance ouvia-se a voz do invisível narrador dando conta do extrato e do significado moral do movimento da peça em questão[30].

♙

A partir de agora reproduzimos para nossos leitores os movimentos enxadrísticos, todos eles comentados à luz do Evangelho de Jesus.

Quanto ao xadrez em si, principalmente aos que desconhecem por completo suas características, reafirmamos que sua prática tem benéficos efeitos mentais (disciplina, concentração, reflexão e prudência).

Neste caso, além dessas virtuosas vertentes, numa releitura com boa vontade, intentamos que o xadrez ainda se preste a lembrar Jesus.

Vejamos, pois, como se desenrolou essa sublime partida[31].

---

30 – Antes, julgo oportuno informar aos bondosos leitores que esta partida "perambulou" pela minha mente, durante todo o tempo de psicografia desta obra. Somente no fim da narração é que consegui atinar o motivo pelo qual o Autor Espiritual deixou que os lances estivessem em potencial durante os registros psicográficos: apropriar cada lance a uma lição de Jesus. (N.M.)

31 – A partida que iremos reproduzir é denominada "A IMORTAL", por grande parte dos estudiosos e apreciadores do xadrez. Os parceiros foram o alemão Adolf Anderssen (1818-1879), professor de matemática e o russo Lionel Adalbert Bragation Felix Kieseritsky (1806-1853). Aconteceu em Londres/Inglaterra, no ano de 1851. Anderssen jogou com as brancas e venceu. Sob todos os pontos de vista é uma partida brilhante. Os sacrifícios do vencedor, longe de caracterizar perda, na verdade, exprimirão vitória. Por isso é apropriada. Aliás, é assim que os bons espíritos agem, sacrificando-se caso necessário, à guisa de altruísmo, para tirar do erro o réprobo recalcitrante. E é essa a lição da Parábola do Bom Pastor. (N.M.)

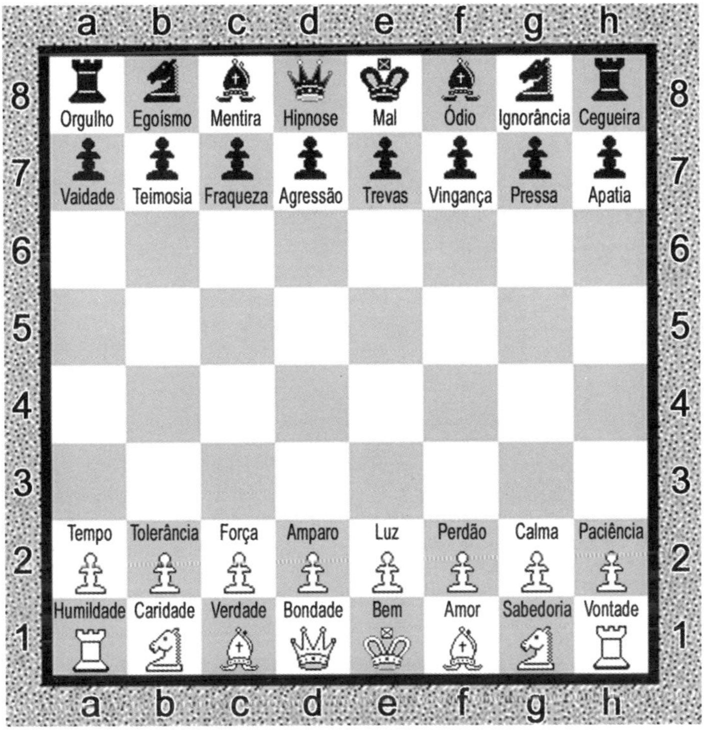

Tabuleiro com as peças denominadas segundo algumas das características morais do ser humano...

No desenvolvimento da partida estaremos informando:

a) Número do lance e qual o jogador (**Br** = brancas e **Pr** = pretas)

b) Abreviatura da peça movimentada: de onde está para onde vai

c) Havendo tomada de peças: (ação colocada entre parênteses).

Exemplificando: **(1º/Br) Pe2 ➪ e4**

(1º/Br) = Primeiro lance (como sempre, das brancas);

Pe2 = Peça a movimentar: o peão do rei que está na casa **e2**

➪ = vai para...

e4 = destino do peão do rei.

"Andai enquanto tendes luz." (João, 12:35)

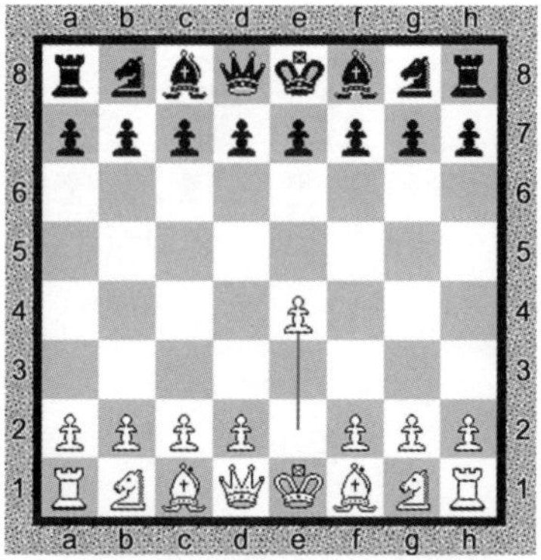

(1º/Br) – Pe2 (LUZ) ⇨ e4

O BEM e a LUZ são indissociáveis. E como a evolução é Lei Divina para tudo e para todos, no universo todo, qualquer ato evolutivo, necessariamente, será sempre impulsionado por ambos. Por isso, aqui, o primeiro movimento é dedicado à LUZ, simbolizando a claridade evangélica posta no caminho de qualquer devedor.

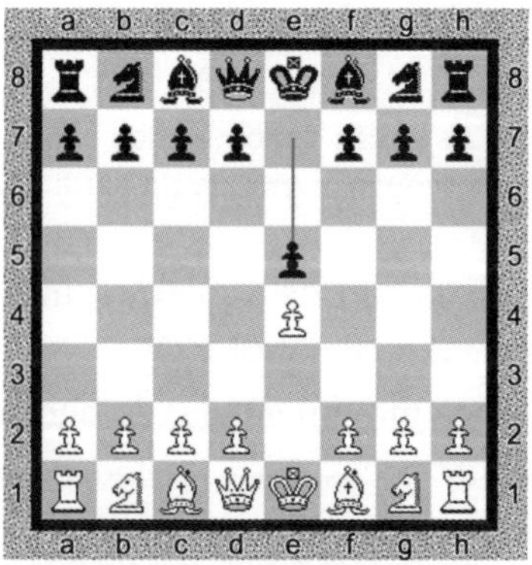

(1º/Pr) – Pe7 (TREVAS) ⇨ e5

O passado, com o seu acervo de culpas, num primeiro lance, quase sempre faz com que o espírito atrasado se oponha à evolução. É assim que também esse primeiro lance das peças pretas esteja a cargo das TREVAS, antepondo-se imediatamente à LUZ.

"Se perdoardes aos homens as suas falhas..." (Mateus, 6:14)

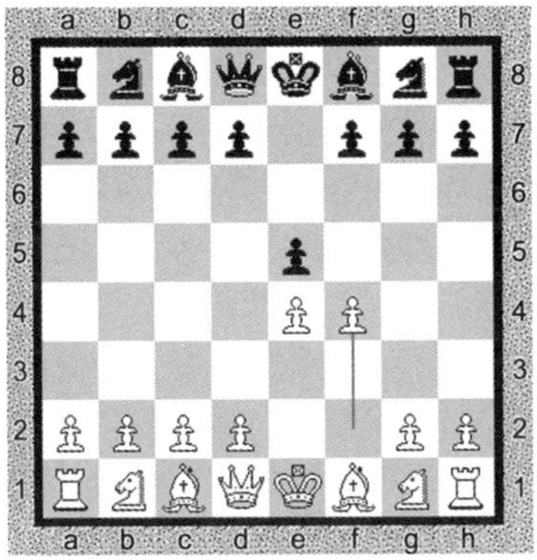

(2º/Br) – Pf2 (PERDÃO) ➪ f4

O PERDÃO simboliza o amor de Deus para o espírito infeliz. Com muita propriedade aqui é colocado como segundo lance, subseqüente à LUZ. É uma oferta que flui permanentemente para todos aqueles que têm débitos na consciência, dando-lhes sublimes e reiteradas oportunidades de reconstrução moral e resgate das suas culpas.

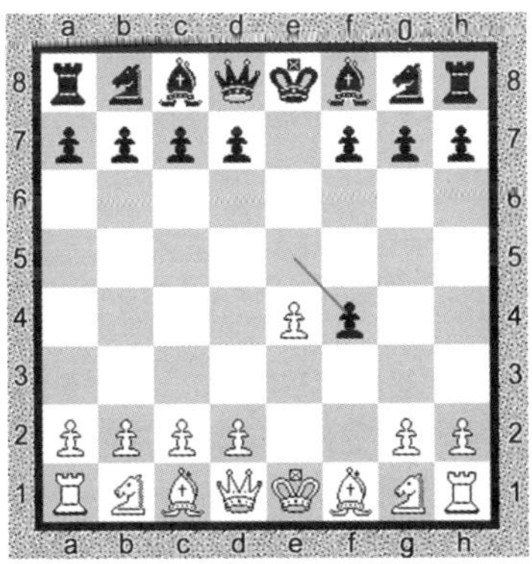

(2º/Pr) Pe5 (TREVAS) ➪ f4 (toma peão)

Quando alguém está com "a consciência pesada", ao ser-lhe oferecida chance de aliviar o mal-estar causado por essa carga infeliz, não é raro recusar. Aliás, como neste lance, o que podemos observar é que aquele que se debate em TREVAS, tendo à sua frente um meio de deixar seus descaminhos, anula essa bênção.

"Ninguém tem maior amor do que este." (João, 15:13)

(3º/Br) – Bf1 (AMOR) ➪ c4

O AMOR (de Deus), invariavelmente, se apresenta quando o espírito em TREVAS se mostra empedernido, recusando sistematicamente a possibilidade de mudar o rumo dos seus atos, para com isso progredir. O AMOR nada impõe... Mas fica pronto para agir!

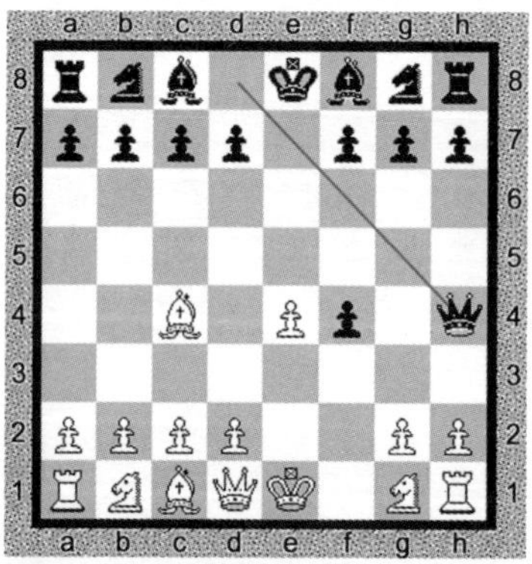

(3º/Pr) – Dd8 (HIPNOSE) ➪ h4 (xeque)

A irrisão espiritual é característica dos devedores. Aqui, depois de recusar a oferta de auto-reconstrução, aquele que tem culpa fica de costas para o sol da verdade. Sua mais poderosa arma contra o BEM é a HIPNOSE. Desconhece que será inútil qualquer tentativa de impedir a ação de quem está tentando ajudá-lo e expõe sua falta de visão do erro em que está incorrendo. (Este lance deixará a HIPNOSE em área de extrema fragilidade...).

"Bem-aventurados os vossos olhos porque vêem."
(Mateus, 13:16)

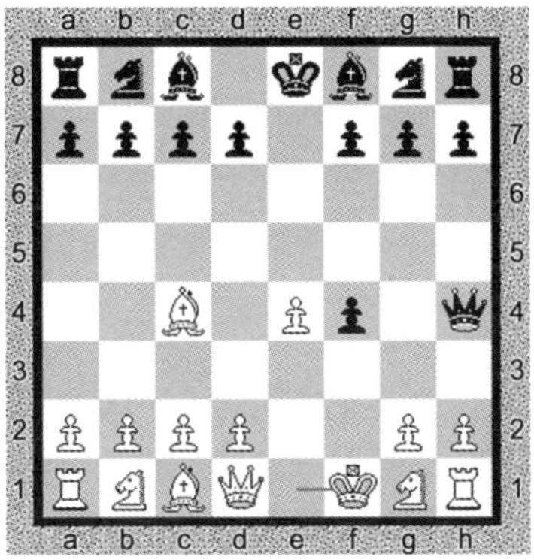

(4º/Br) – Re1 (BEM) ➪ f1

Allan Kardec, na questão 495 de *O Livro dos Espíritos*, registra que os espíritos protetores, diante da recusa aos seus conselhos, afastam-se. Não obstante, como o BEM não teme as TREVAS, mantêm-se a relativa distância dos seus protegidos, orando por eles, aguardando seu eventual arrependimento e chamado. Cedo ou tarde isso sempre acontece, inexoravelmente.

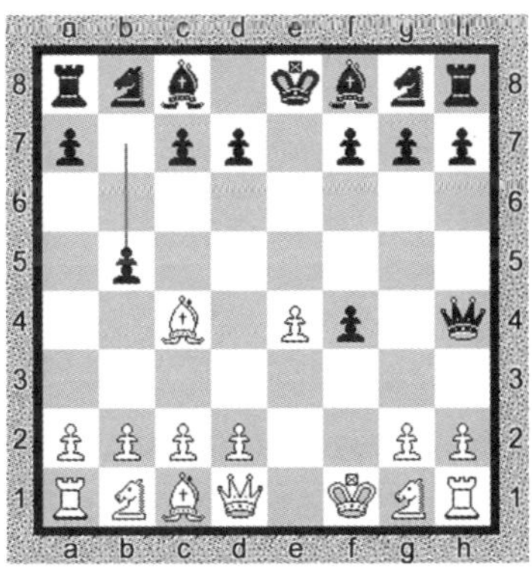

(4º/Pr) – Pb7 (TEIMOSIA) ➪ b5

Quando um espírito infeliz está trilhando por descaminhos e não quer mudar de rumo, por desconhecimento ou por revolta (por causa das dificuldades que ele próprio criou), acostuma-se a reagir com obstinada agressividade. Não tem paz, menos ainda discernimento: só TEIMOSIA. Por isso, comete vários desatinos: agride até o AMOR.

"Amai aos vossos inimigos." (Lucas, 6:36)

(5º/Br) – Bc4 (AMOR) ➪ b5 (toma peão)

O AMOR, sempre de maneira sublime, anula qualquer agressão. Neste lance, podemos claramente perceber como a TEIMOSIA é desarmada no plano de vida do espírito infeliz. Tal ação é em benefício dele!

(5º/Pr) – Cg8 (IGNORÂNCIA) ➪ f6

Agindo com agressividade e TEIMOSIA, o devedor nada conseguiu. Insensível ao amparo do plano maior, não reconhece que há forças superiores às suas. Demonstrativo dessa IGNORÂNCIA é o fato de que, mesmo pilhado em erro, esse que assim procede costuma disfarçar a continuidade da sua conduta, tentando apagar a LUZ. Equivocada conduta...

"A sabedoria é provada pelas suas obras." (Mateus, 11:19)

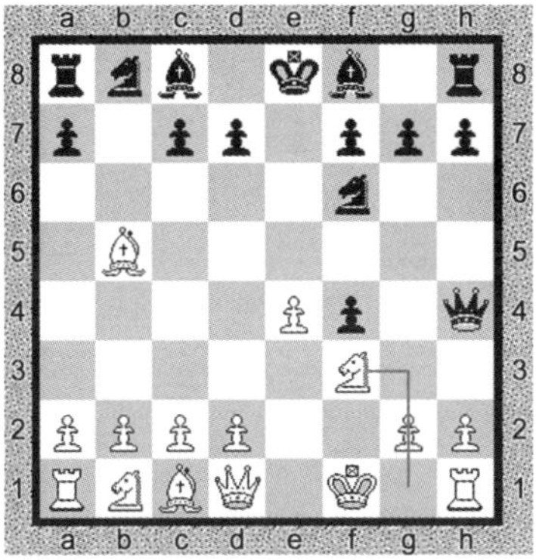

(6º/Br) – Cg1 (SABEDORIA) ⇨ f3

Ao lado da LUZ e do AMOR está sempre a SABEDORIA! É assim que o espírito protetor não se deixa abater pelas armadilhas da IGNORÂNCIA. A ação da SABEDORIA é sempre realizada às claras. Aqui, o lance é de oposição frontal às TREVAS.

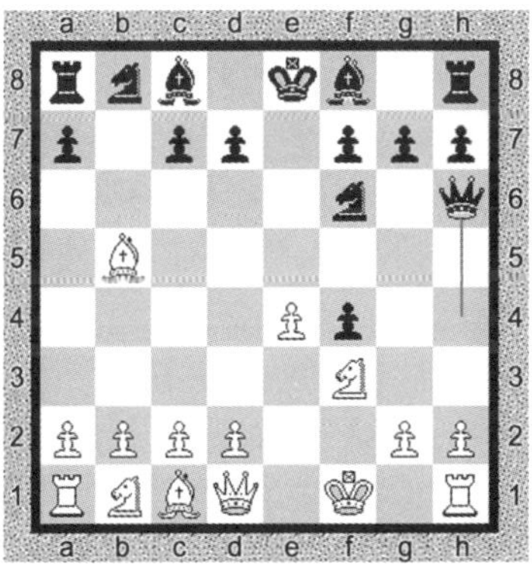

(6º/Pr) – Dh4 (HIPNOSE) ⇨ h6

Eis o que amiúde acontece quando o hipnotizador mal-intencionado se vê frente a frente com a SABEDORIA: recua. É bem de se notar que não fica à vontade, pois a HIPNOSE não tem muitas vias de escape à força da SABEDORIA aplicada ao bem.

"Dai esmola do que tiver." (Lucas, 11:41)

(7º/Br) – Pd2 (AMPARO) ➪ d3

O AMPARO sempre socorre o necessitado quando o vê em dificuldades. Age com prudência, mantendo firme a LUZ que o esclarece. Percebemos claramente que não há comprometimento do devedor e menos ainda qualquer vestígio de ataque a ele. Prudência é o que nos leciona este lance.

(7º/Pr) – Cf6 (IGNORÂNCIA) ➪ h5

Sempre a IGNORÂNCIA... Acumula erros sobre erros, sem disso se aperceber. Teima em desistir ou reconhecer. Parece até que se compraz em manter intactas suas dívidas, principalmente quando surge uma oportunidade de iniciar quitação, sem violência alguma.

"Ele bem sabia o que havia no homem." (João, 2:25)

(8º/Br) – Cf3 (SABEDORIA) ➪ h4

Invariavelmente a postos, ao lado da LUZ e do AMOR, repetimos, a SABEDORIA busca novos caminhos para a solução do problema ainda pendente. Sem perder de vista a BONDADE, aproxima-se e induz o réprobo a refletir no equívoco em que se encontra.

(8º/Pr) – Dh6 (HIPNOSE) ➪ g5

Incapaz de ver ou sequer reconhecer que cada vez mais está prejudicando a si próprio, aquele que recalcitra não deixa de utilizar todo o seu arsenal de iniqüidades. Utilizando a HIPNOSE, tenta prosseguir ameaçando até quem quer apenas ajudá-lo. Neste lance, a HIPNOSE não se cora de enfrentar a SABEDORIA!

“Eu era cego e agora vejo.” (João, 9:25)

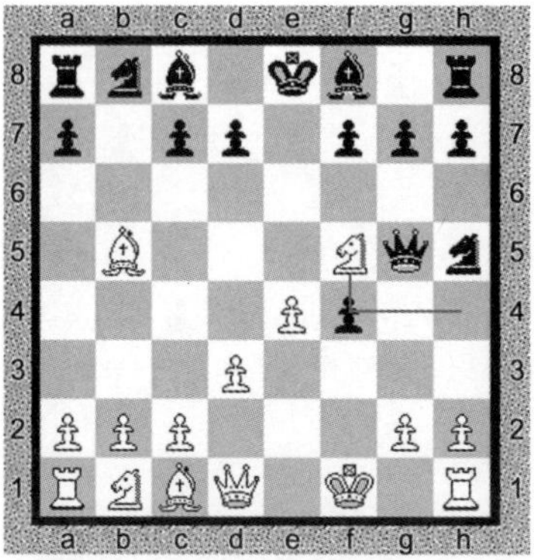

(9º/Br) – Ch4 (SABEDORIA) ➪ f5

Se a HIPNOSE é inconvenientemente insistente... a SABEDORIA é bondosamente persistente. Jamais se atemoriza diante das ameaças de ameaças. Também não se inibe de emparelhar com a HIPNOSE, objetivando sempre iluminar a alma daquele que ignora as bênçãos do Evangelho de Jesus!

(9º/Pr) – Pc7 (FRAQUEZA) ➪ c6

Nenhum ser humano deve julgar o semelhante. Contudo, como neste lance, o que vemos é a FRAQUEZA moral do devedor, que imagina ter condições para ameaçar o AMOR.

"Bem-aventurados os mansos." (Mateus, 5:5)

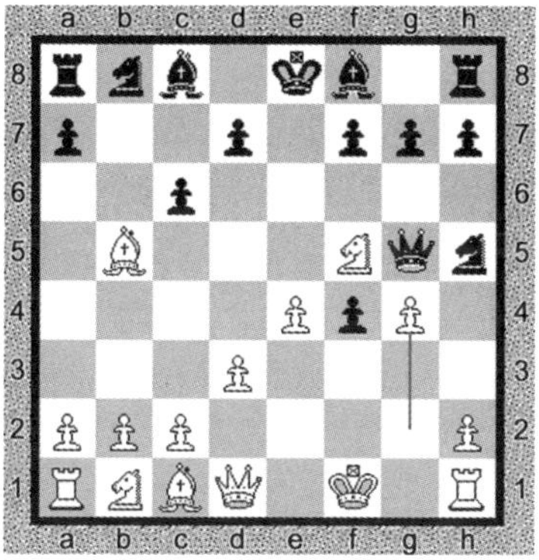

(10º/Br) – Pg2 (CALMA) ➪ g4

Quem tem a força da razão tem sempre a CALMA ao seu lado. Assim, o AMOR não se intimida diante das teias da HIPNOSE e se mantém absolutamente preparado para agir em defesa da SABEDORIA. O objetivo não é anular quem deve, mas sim sua IGNORÂNCIA.

(10º/Pr) – Ch5 (IGNORÂNCIA) ➪ f6

Ao lado da LUZ e do AMOR está sempre a SABEDORIA! Com isso, o espírito protetor não se deixa abater pelas armadilhas da IGNORÂNCIA. Aliás, a IGNORÂNCIA não resiste à CALMA de quem se posta ao lado da SABEDORIA; à aproximação desta, foge, ou melhor, retorna à postura anterior, de ficar à espreita...

"Levantar-me-ei e viajarei para meu pai e lhe direi..." (Lucas, 15:18)

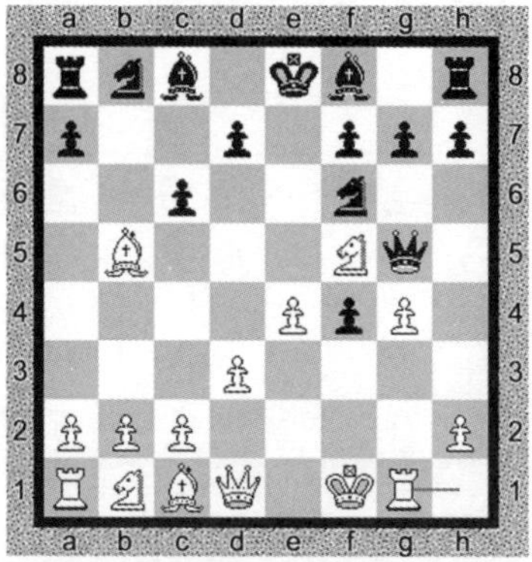

(11º/Br) – Th1 (VONTADE) ➪ g1

Quando o espírito protetor depara com a infelicidade de alguém que está agindo de forma a acrescer dívidas morais ao seu saldo moral já tão negativo, um recurso de amparo é mostrar-lhe que existe a VONTADE! E, ainda, que a VONTADE é uma poderosa ferramenta mental quando o ser humano busca se libertar do atoleiro no qual está cada vez mais chafurdando.

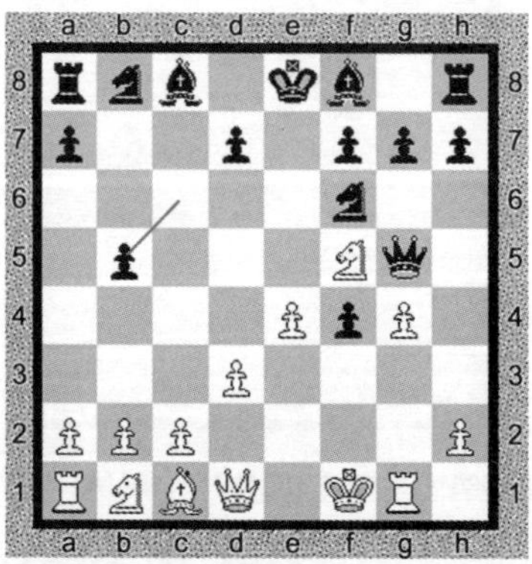

(11º/Pr) – Pc6 (FRAQUEZA) ➪ b5 (toma bispo)

Quanta pretensão do ensandecido por FRAQUEZA moral em tentar aniquilar o AMOR... Não é raro vermos, com tristeza, o quanto o ser humano desviado do Evangelho de Jesus julga que pode mais que o AMOR... Nesse equivocado patamar, o que mais acontece é que por sua FRAQUEZA toma atitudes com as quais imagina enfraquecer "o inimigo". Ignora completamente que o que está fazendo é recusar amparo do Alto.

"Os sãos não necessitam de médico." (Lucas, 5:31)

(12º/Br) – Ph2 (PACIÊNCIA) ➪ h4

A caridade de Jesus é tanta e tamanha que Seus prepostos, que só desejam o bem do infeliz, não desanimam jamais em ajudá-lo. Agem sempre com PACIÊNCIA, a despeito das agressões das quais são alvo, vindas justamente de quem deveria ser-lhes grato.

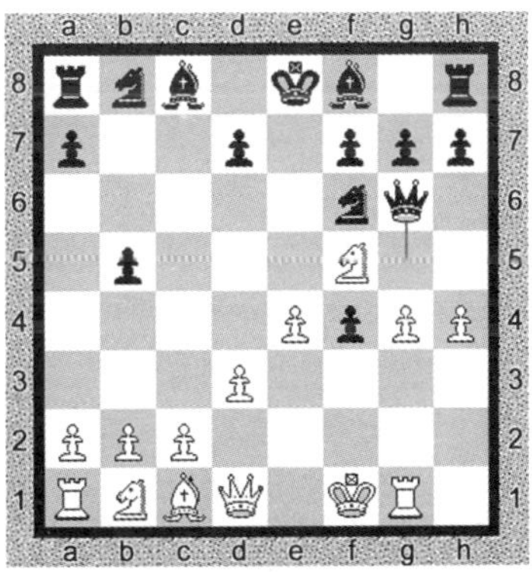

(12º/Pr) – Dg5 (HIPNOSE) ➪ g6

Aquele que é insano não divisa os próprios descaminhos aos quais sua mente conduz, e permanece cego ante as tentativas dos espíritos protetores, que tentam auxiliá-lo. Em vez de reconhecer seu equívoco, prefere afastar-se. Não percebe que a justiça divina está prestes a tolher seu livre-arbítrio e encerrar esse seu ciclo negativo – em seu benefício!

"Tem paciência comigo..." (Mateus, 18:26)

(13º/Br) – Ph4 (PACIÊNCIA) ➪ h5

A atividade protetora é tarefa permanente dos bons espíritos. Envidam todos os esforços no sentido de recuperar aquele que se perdeu nos meandros do mal. Sempre com sublime PACIÊNCIA. Os mensageiros siderais tentam várias vezes dar a mão ao que usa seu poder mental e a HIPNOSE para alcançar seus objetivos. Só deixam de fazê-lo quando seu auxílio é sistematicamente recusado.

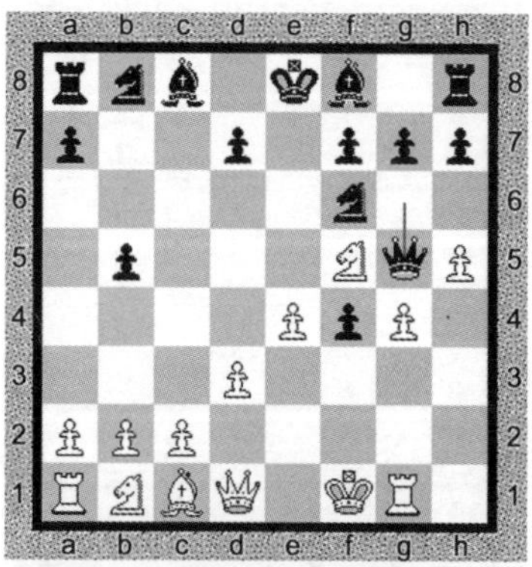

(13º/Pr) – Dg6 (HIPNOSE) ➪ g5

Aqui vemos, com clareza, como o insensato emprega a HIPNOSE e parece que ela se volta contra ele, pois faz com que recuse auxílio, induzindo-o a retornar à mesma cena onde sua irrisão já o havia comprometido. Neste lance, em evidente desconforto, encontra-se triplicemente ladeado pela SABEDORIA, pela CALMA e pela PACIÊNCIA.

“O homem bom tira do bom tesouro boas coisas.”
(Mateus, 12:35)

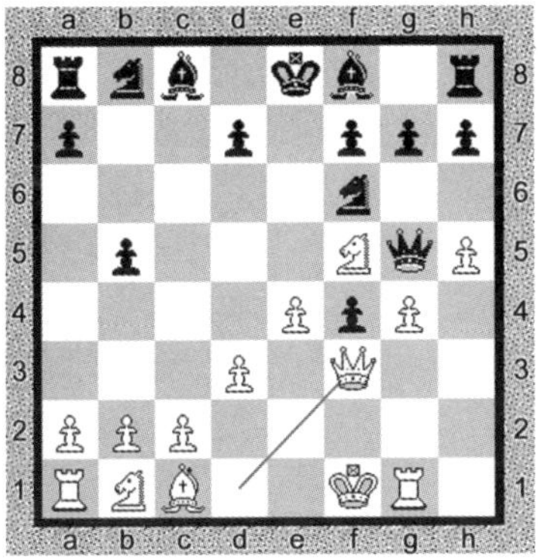

(14º/Br) – Dd1 (BONDADE) ➪ f3

Como estamos vendo, os auxiliares de Jesus têm plena consciência do dever de ajudar ao próximo. A BONDADE, neles, é imanente! Este lance é de grande profundidade, pois a BONDADE arrima e ombreia com a CALMA, com a PACIÊNCIA e com a LUZ. (Observe-se o bloco à esquerda, ainda imóvel...)

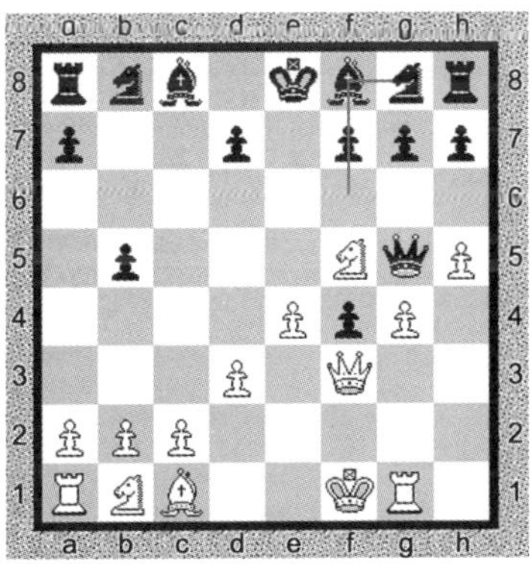

(14º/Pr) – Cf6 (IGNORÂNCIA) ➪ g8

Mesmo procedimento do lance anterior, isto é, retrogradação, por IGNORÂNCIA. Tanto a IGNORÂNCIA quanto as tentativas de intimidação por HIPNOSE debatem-se no mesmo patamar infeliz ao qual se apegam. Se o abandonam, a ele logo retornam...

"Eu sou o Caminho, a Verdade e a Vida." (João, 14:16)

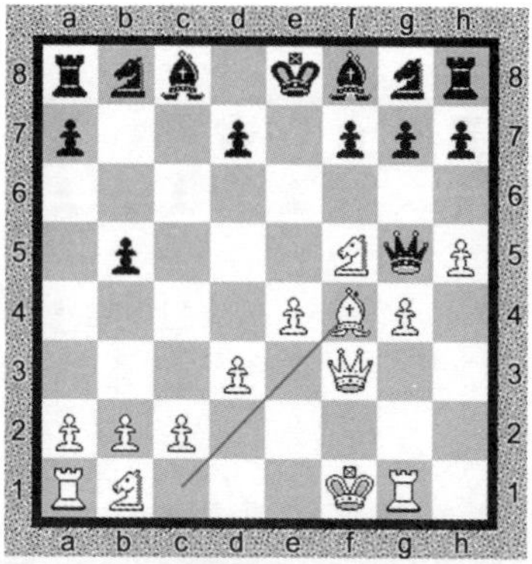

(15º/Br) – Bc1 (VERDADE) ➪ f4 (toma peão)

Quando o transgressor começa a ficar em dificuldades, mais o auxílio do Alto o visitará, na expressão da VERDADE existencial, que é a vitória do indivíduo perante si mesmo. O objetivo é induzi-lo a mudar de rota. A ação da VERDADE é abrir os olhos de todos para a realidade, com isso anulando as TREVAS. Não se intimida de ficar frente a frente com as artimanhas da HIPNOSE. É assim que quem se encontra em erro pode e deve conscientizar-se disso.

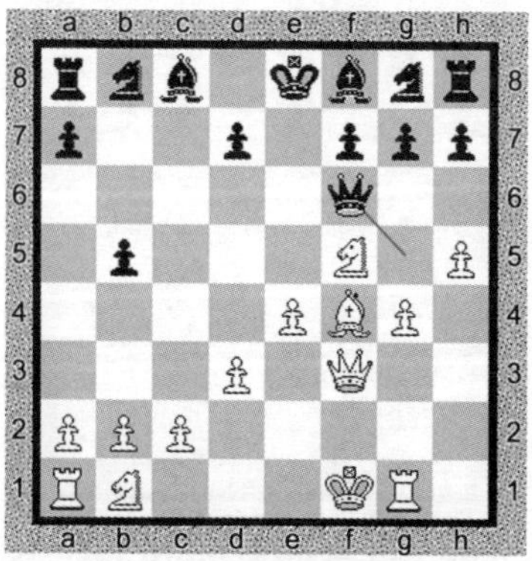

(15º/Pr) – Dg5 (HIPNOSE) ➪ f6

Consciente de que alguma coisa está errada em sua vida, o hipnotizador fica perturbado e é assim que já beira o desespero e a demência. Às cegas, só tem um objetivo: atacar. Seu comportamento agressivo leva-o a recusar o auxílio da BONDADE e tentar desestabilizar a TOLERÂNCIA e a HUMILDADE.

"Estive doente e me visitastes." (Mateus, 25:36)

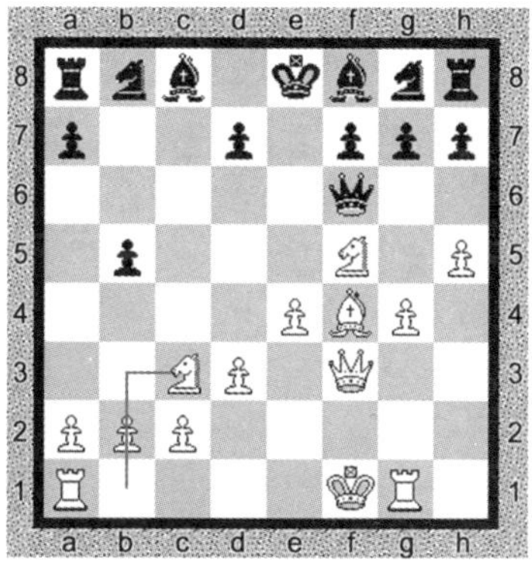

(16º/Br) – Cb1 (CARIDADE) ⇨ c3

Agindo invariavelmente com e por AMOR, os mensageiros da paz exercitam a CARIDADE neutralizando os insanos efeitos da HIPNOSE. Assim, talvez possamos dizer que a CARIDADE é a filha dileta do AMOR. A mais expressiva atitude da CARIDADE será aquela ação que tiver por móvel o amor ao próximo, quando este estiver necessitado.

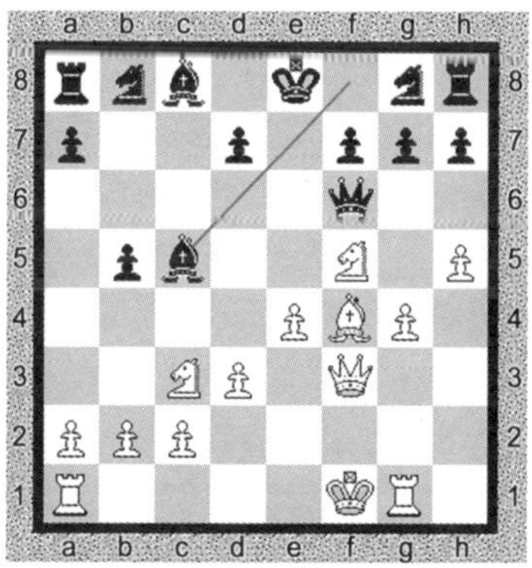

(16º/Pr) – Bf8 (ÓDIO) ⇨ c5

O ÓDIO é a conseqüência de quem se desvairou nas lides da vida. E nessa infeliz postura julga que é seu direito atingir quem tem a SABEDORIA. Esse é o triste desempenho de não poucos espíritos obsessores que não suportam a ação da CARIDADE, principalmente quando esta tenta ajudar aos que se esforçam pela auto-reforma.

"Estive na prisão e viestes me ver." (Mateus, 25:36)

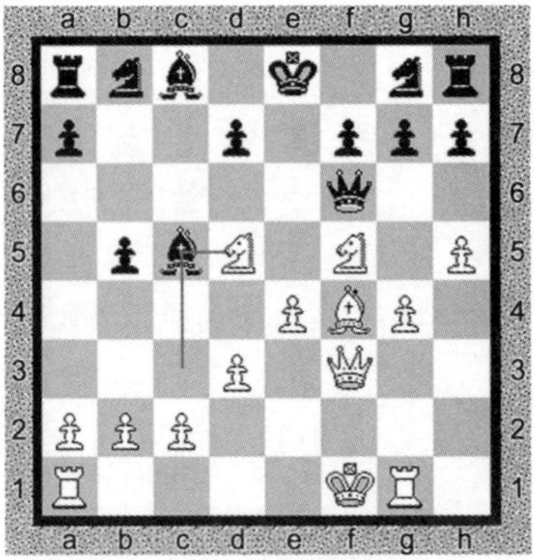

(17º/Br) – Cc3 (CARIDADE) ➪ d5

É fácil notar como a CARIDADE se emparelha com a SABEDORIA, para, juntas, se aproximarem da área de atuação do infeliz, buscando demovê-lo de novos erros. Ambas não se deixam atemorizar pelo ataque à TOLERÂNCIA e à HUMILDADE.

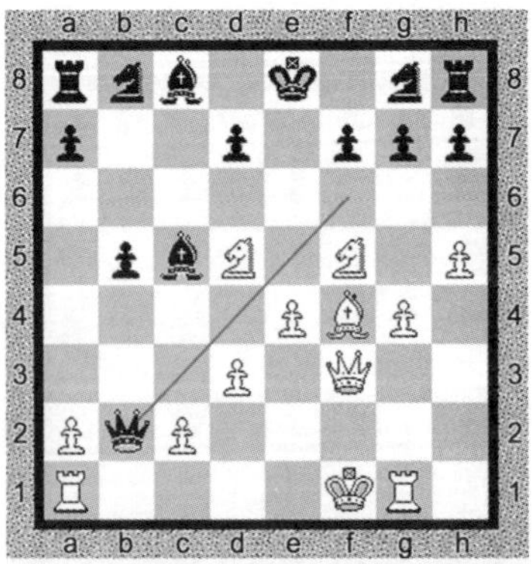

(17º/Pr) – Df6 (HIPNOSE) ➪ b2 (toma peão)

Em desespero, o hipnotizador incorre em lance altamente prejudicial a si próprio, enganosamente julgando que agredir e atacar é a melhor postura. Mal sabe que não se pode desrespeitar indefinidamente as Leis Divinas! A TOLERÂNCIA, longe de desaparecer, como pode parecer neste lance, na verdade abre caminho a decisões inexoráveis para sustar o mal.

"Conhecereis a verdade e a verdade vos libertará."
(João, 8:32)

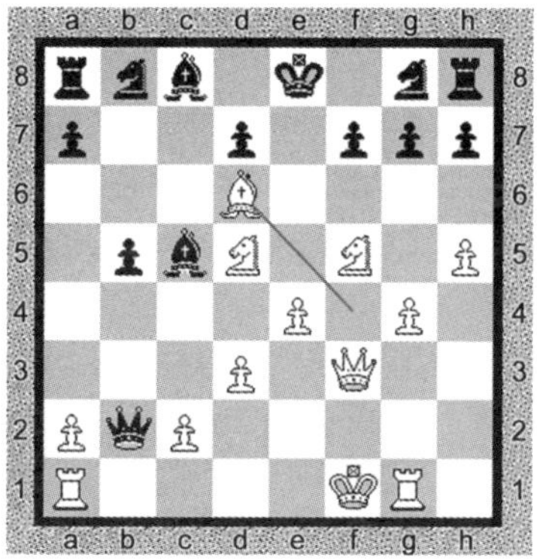

(18º/Br) – Bf4 (VERDADE) ➪ d6

Imbatível, a VERDADE se posiciona para que a LUZ se faça na mente de quem tanto vem recalcitrando ante o apoio do mais Alto. É notória a intenção deste de exercer malevolamente a HIPNOSE, desprezando as chances ofertadas para arrependimento do seu proceder. Contudo, incapaz de vislumbrar o abismo no qual está para cair, sequer percebe que longe de anular a TOLERÂNCIA, na verdade, aproxima-se o momento em que será encerrada sua longa fieira de destemperos evangélicos...

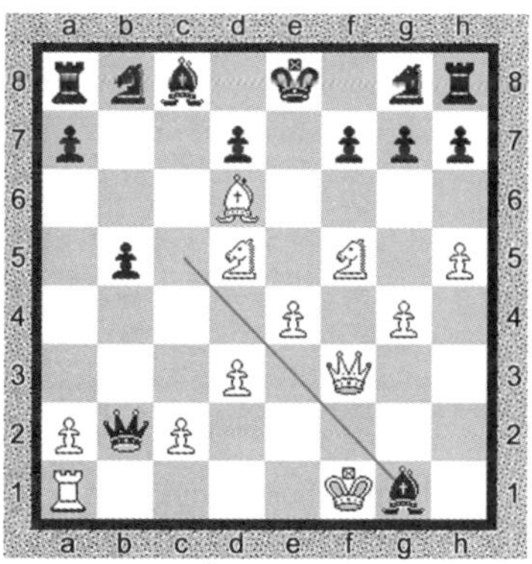

(18º/Pr) – Bc5 (ÓDIO) ➪ g1 (toma torre)

Sempre com violência, o ÓDIO se expressa neste lance com incontida audácia. Sempre trilhando na equivocada via da violência, imagina que poderá anular a VONTADE dos que querem ajudá-lo. É assim que agem os hipnotizadores mal-intencionados...

"Vós sois a luz do mundo." (Mateus, 5:14)

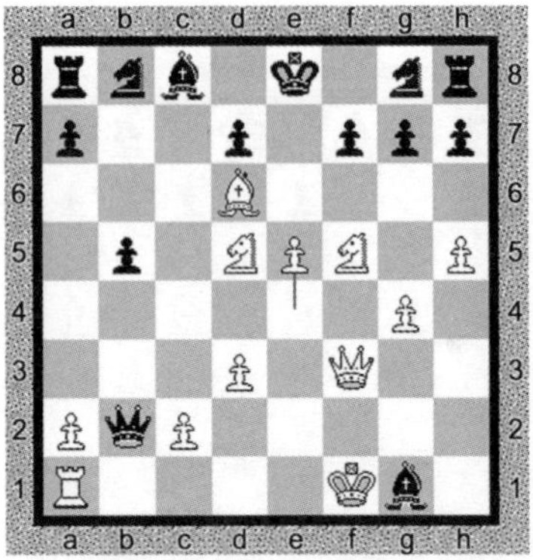

(19º/Br) – Pe4 (LUZ) ➪ e5

A tranqüilidade daqueles que estão ao abrigo das Leis Divinas é sublime! Chega mesmo a ser espantosa! Mesmo que aparentemente sob ataque fatal, a Fé os sustenta! A LUZ, levando evolução e progresso (sublime Lei de Deus) para tudo e todos, coloca-se ao lado da CARIDADE e da SABEDORIA, formando um trio abençoado, que visa à recuperação da "ovelha desgarrada".

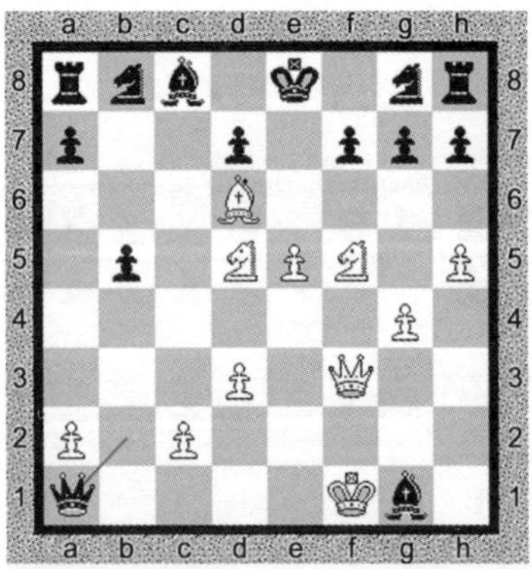

(19º/Pr) – Db2 (HIPNOSE) ➪ a1 (toma torre e xeque)

É impressionante como quem não usa "os olhos para ver" mergulha cada vez mais fundo no lamacento poço da ingratidão. Aqui, como expressão de um dos maiores erros humanos, o emprego da HIPNOSE para destruir a HUMILDADE faz o devedor julgar-se poderoso, a ponto de pensar que conseguirá arrasar quem só quer salvá-lo.

"Vinde a mim todos vós que andais sobrecarregado."
(Mateus, 11:28)

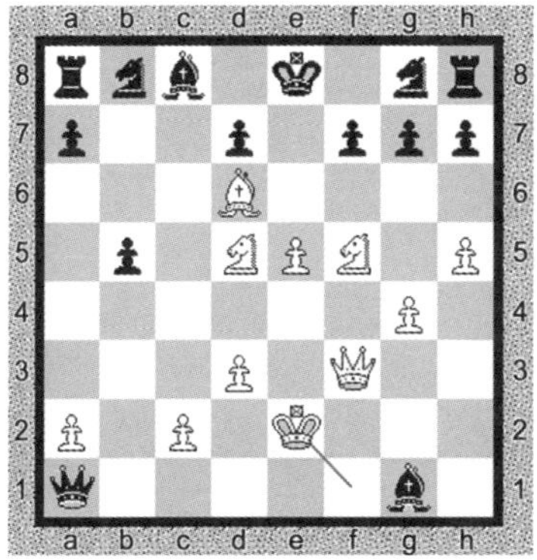

(20º/Br) – Rf1 (BEM) ➪ e2

O mal é e será sempre episódico; já o BEM, eterno! Os amigos espirituais não duelam: auxiliam! Tamanha é sua fé que jamais se atemorizam diante dos obstáculos que encontram na prática do BEM. A posição aqui desenvolvida caminha para a inexorabilidade divina, aquela que prevê a recuperação "do filho pródigo", à revelia dele, em face de sua obstinação em trilhar maus caminhos...

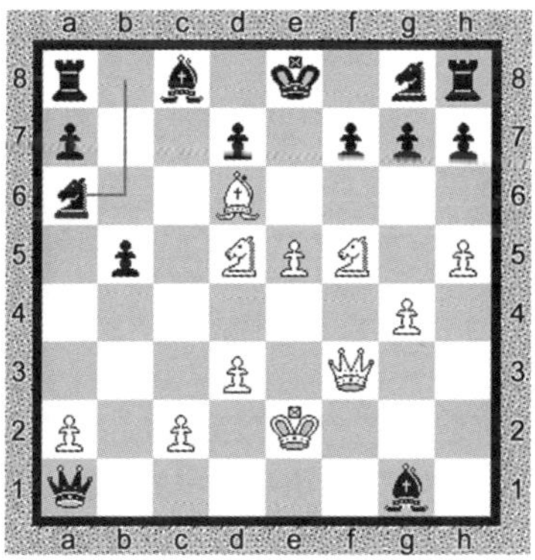

(20º/Pr) – Cb8 (EGOÍSMO) ➪ a6

Auto-hipnotizado e por isso mesmo infeliz, o distanciado do Evangelho não se dá conta de que Deus é Pai de infinito amor e que todos fomos criados para sermos felizes. Este lance, perceptivelmente sob o patrocínio do EGOÍSMO, é inócuo, uma vez que se assemelha às águas próximas da cachoeira, que não podem mais formar lagos, menos ainda retroceder.

"A sabedoria é justificada por suas obras." (Mateus, 11:19)

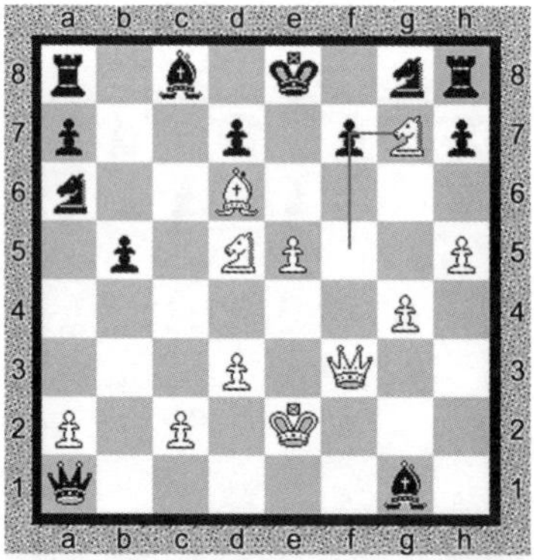

(21º/Br) – Cf5 (SABEDORIA) ➪ g7 (toma peão e xeque)

Irresistível, a SABEDORIA suprime a PRESSA daquele que caminha a passos largos para maiores equívocos. Tal a bênção do tempo! Ao endividado da vida fica demonstrado que é chegada a hora de mudar de atitude. A ele só resta se curvar à realidade. Não se diga que ele foi agredido: a tentativa é de convencimento.

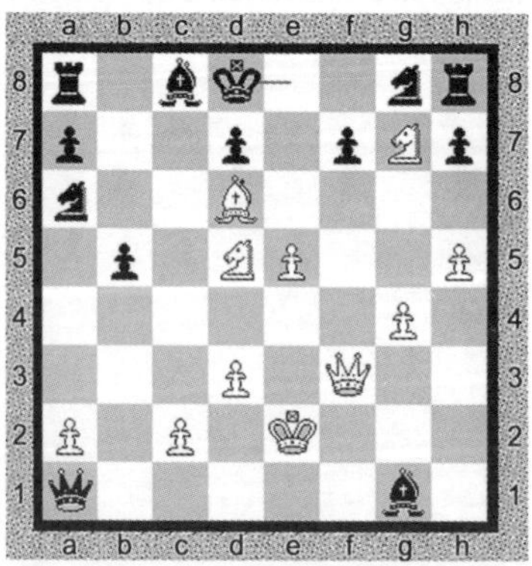

(21º/Pr) – Re8 (MAL) ➪ d8

A resposta do MAL que habita no espírito do mau é virtualmente espasmódica. Para os que agem em prejuízo do próximo chega a hora em que já não há opção, senão capitular, isto é, abandonar o mau caminho e encetar nova rota de procedimentos. Esse momento é similar à sublime salvação de uma rede colocada naquele que se atirou num abismo infinito. A brusca interrupção da louca queda fará com que reflita, arrependa-se e volte ao topo, escalando as escarpas da subida...

"Bem-aventurados os que por mim sofrem perseguições."
(Mateus, 5:10)

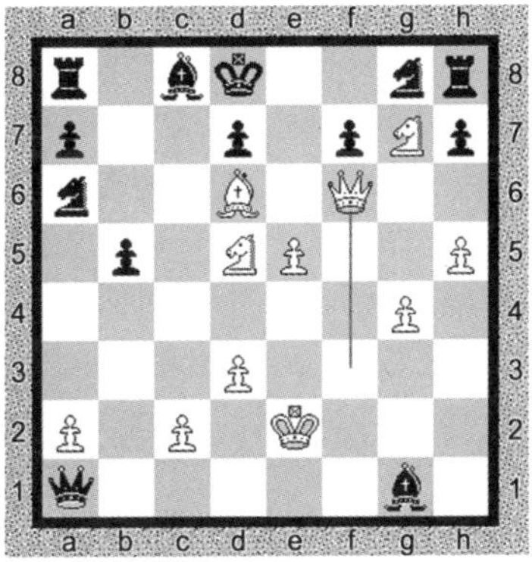

(22º/Br) – Df3 (BONDADE) ⇨ f6 (xeque)

A fé e a harmonia íntima levam aquele que tem BONDADE a agir com lances de desassombro jamais imaginado!!! O aparente sacrifício deste lance evidencia, definitivamente, como a BONDADE não mede esforços para agir.

(22º/Pr) – Cg8 (IGNORÂNCIA) ⇨ f6 (toma dama)

A IGNORÂNCIA – só mesmo a IGNORÂNCIA – não percebe que é inútil a tentativa de anular a BONDADE: ela é divinamente ***imortal***! Podemos também perceber que a BONDADE, não sendo ouvida, pode se ocultar, mas jamais desaparece, pois é como o Sol que brilha permanentemente, a despeito de quaisquer nuvens ou das trevas da noite.

O próximo lance pode ser:

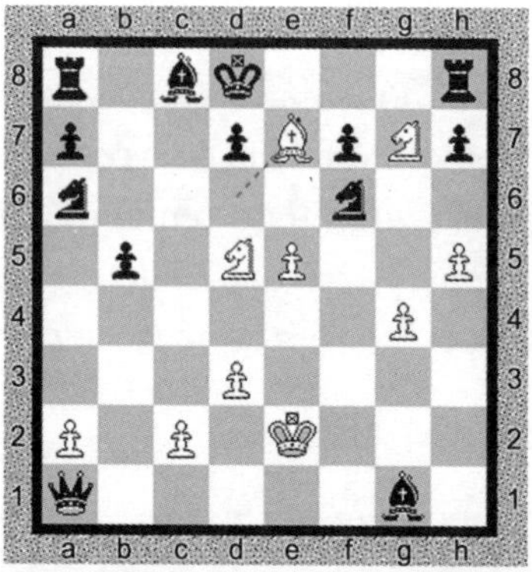

(23º/Br) – Bd6 (AMOR) ➪ e7 (xeque-mate, ou "mate")

Como podemos perceber, será o fim da partida...
Vitória das brancas!
Mas... Qual teria sido o lance efetuado por Leo?

De fato, o lance acima poderia ser o último da partida: xeque-mate!

Contudo, Leo, "o legislador" e praticamente todos os assistentes da platéia, sob os abençoados influxos dos comentários de cada lance, traziam abaladas todas as tendências de vingança, de duelo, de orgulho, de vaidade.

Aliás, tanto do lado de Leo, quanto do "legislador", desde o início da partida, uma pequena tela foi-lhes mostrando cenas relembrando suas ações. Cada um via apenas aquilo por que tinha sido responsável. A tela do "legislador", com muito maior rapidez, ia perpassando dezenas de casos dos quais ele participara e pelos quais tantas pessoas sofreram...

Um grande mal-estar foi invadindo-lhe a mente.

Refletindo sobre a justiça, pouco a pouco entendeu que ele errara mais que todos e essa constatação cada vez mais doía nele.

Para muitos de nós, ainda sem assento nas planícies da Luz, julgamos que a melhor forma de o réprobo se emendar é ter de resgatar, *tintim por tintim* todo o mal que tenha provocado.

Assim, ali, aplicar o xeque-mate no "legislador" seria o normal para muitos de nós. Nesse momento, a anciã, cujo halo sobre sua cabeça mais e mais brilhava, levantou-se e afetuosamente foi até Leo e "o legislador", pegando na mão de cada um.

– Filhos do meu coração: a partida acabou – disse-lhes.

O ancião aduziu em tom que não admitia ressalva:

– Empate!

Nunca se viu tal acontecimento no xadrez (alguém, com o xeque-mate à mão, empatar!). E por isso Leo e "o legislador" não sabiam o que dizer ou fazer, mas tanto um quanto o outro sentiram grande alívio pela descompressão mental que lhes visitava. O "legislador" compreendeu claramente que ali os bondosos anciãos foram caridosos com ele, impedindo a última jogada – xeque-mate.

Agora foi a vez da anciã dirigir-se a todos:

– Nas coisas de Deus não há vitoriosos nem derrotados, só irmãos! Assim, todos os lances da vida apenas serão válidos se forem bons para nós e para o próximo.

Prosseguiu em tom maternal:

– O que aqui vimos não foi uma partida de xadrez, mas sim felizes momentos de juntos podermos nos recordar de algumas das imortais lições de Jesus! Jamais deveremos nos esquecer de que o Mestre dos mestres, cumprida Sua caridosa oferta à humanidade, retirou-se do plano físico, deixando-nos o Seu Evangelho como âncora moral. E do plano celestial, jamais deixou de nos amparar.

Ao dizer essas palavras, olhou para o grande painel luminoso onde surgiu a frase gloriosa de Jesus aos Seus Apóstolos, momentos antes de irem para o Getsêmani, no sopé do monte das Oliveiras, onde o Mestre seria feito prisioneiro: "*No mundo tereis tribulações, mas tende bom ânimo: eu venci o mundo*!"[32]

Finalizou suas meigas palavras:

– Esta partida está encerrada. A vida, imortal, está convidando cada um de todos os presentes a iniciar outras, mas consigo mesmo. Lembrando-nos de Jesus, podemos afirmar que o Mestre é o grande vencedor do bem, e se Ele é vencedor, poderíamos equivocadamente julgar que há perdedor. Mas não: a humanidade também é vencedora, eis que herdou o Seu Evangelho.

Todos entenderam, de pronto, por que foi determinado o *empate*.

Surpreendendo a todos, o "legislador", comovido por ter sido poupado de inevitável e acachapante derrota, longe de se sentir humilhado ajoelhou-se e falou com sinceridade:

– Oh!, meu Deus! Como é que eu estive andando tanto tempo na estrada dos desenganos? Perdão! Perdão!

O orgulho, que nele vinha falando alto até então, foi substituído pela humildade! Todo o anfiteatro sensibilizou-se, vendo aquele espírito considerado imbatível se render à evidência de tantos erros.

O ancião impôs levemente a destra sobre os olhos de ambos e a seguir chamou-os pelo nome:

– Leo e Justus, graças a Deus vocês aproveitaram a chegada da hora que Jesus reservou para vocês se reconciliarem...

Com a visão ampliada, Leo e Justus olharam para o casal de anciãos e exclamaram com sofreguidão:

– Papai! Mamãe! – disse Justus.

32 – João, 16:33. (N.E.)

– Vovô! Vovó! – disse Leo.

Já ao ouvir seu nome, os dois tiveram a sensação de que um meteorito em forma de surpresa os alcançara no peito. Neles, a sensibilidade encostou no limite de uma explosão emocional. A visão dos dois, sob ação magnética do ancião, permitiu-lhes ver, só agora, que a fisionomia de ambos de fato tinha se transformado. Aí, em novo choque emotivo, reconheceram-se:

– Você?! Meu filho! – disse Justus.

– Meu pai! – disse Leo.

Leo olhou o parceiro – seu pai de vidas passadas – e viu a pose e o orgulho do grande "legislador" se quedarem ante as sublimes lições de Jesus. Fato que, aliás, aconteceu também com ele. E com quase todos os demais. Olhando para o casal de anciãos, balbuciou:

– Não merecia ganhar, nem ele perder... acho que foram vocês que jogaram.

Num gesto que o amor comandou, ergueu-se de repente de sua cadeira e foi até o "legislador" e beijou-lhe a face e depois a destra.

O "legislador" experimentou a deslembrada bênção da paz e da fraternidade e sentindo a mão molhada pelas lágrimas de Leo, por sua vez abraçou-o, demorada e afetivamente.

O anfiteatro inteiro irrompeu em aplausos.

Esclareceu a anciã:

– O passado, meus filhos, está sempre presente para todos os filhos de Deus que alcançaram a razão. Todos nós estamos unidos há longo tempo por laços familiares, e a maioria pelas cordas do ódio. Graças a Deus essas amarras se desfizeram. Felizmente, vocês não desperdiçaram esta oportunidade abençoada, a última que antecedia à visita compulsória da dor, como retificadora dos erros recíprocos.

O ancião se voltou para a platéia, até então imóvel, estática:

– Isso é válido para todos!

No coração de tantos refulgiam raios de luz, dissolvendo pequenas ou grandes porções de trevas ali acumuladas, algumas havia quase dois séculos. Algozes e vítimas – aliás, difíceis de serem identificados, pois todos já haviam desempenhado ora um, ora outro papel –, tocados no íntimo da alma, experimentavam instantes de paz jamais sonhados.

O ancião, espírito de extremado amor e sabedoria, valeu-se do momento psicológico propício e induziu a todos:

– Irmãos, perdoemo-nos reciprocamente, para que nossas preces possam chegar até nosso Pai.

A anciã, por sua vez, também com senso de oportunidade, conclamou:

– Vamos imaginar que Pedro, o sublime pescador da Galiléia, está aqui neste momento a dizer para cada um de nós: "Acima de tudo, tende intenso amor uns pelos outros, porque o amor cobre uma multidão de pecados"[33].

As duas sugestões, eivadas de sinceridade e alicerçadas na fortaleza da verdade, tocaram a todos. Quase que ao mesmo tempo os assistentes foram se levantando e procurando o desafeto, para abraçá-lo.

E a reciprocidade falou alto ali!

Na grande tela iluminada, agora uma palavra começou a acender e a apagar: AMOR!

Do teto do anfiteatro, aos poucos, foi caindo sobre o ambiente uma fina garoa, quais flocos de fumaça colorida. Ao tocar cada um dos presentes, transformava-se numa flor e exalava agradabilíssimo perfume. Logo, todo o recinto foi invadido de incomparável aroma, com a insólita propriedade de transfundir alegria.

33 – I Pedro, 4:8. (N.E.)

Nesse momento, Leo ajoelhou-se diante de Justus. Foi chorando que implorou:

– Pai, meu pai, me perdoe... eu o traí!

Dentre os assistentes, um pequeno grupo da platéia se destacou e se aproximou do centro: eram os dois pretores, com suas mães e uma jovem, muito bela. Embora com outra aparência, pai e filho a identificaram de pronto: era Renata. Ela também se ajoelhou e de público confessou:

– Leo, não foi você o culpado e sim eu.

Procurou a destra de Justus e banhada em lágrimas implorou-lhe:

– Oh! Justus, Deus é testemunha do quanto me arrependi de tê-lo desonrado, trocando-o por seu filho. Mas, perdoe-me, pois quem assim procedeu era uma doidivanas, distante da responsabilidade do lar e cativa dos prazeres mundanos.

Fez pausa para permitir o ar visitar os pulmões e prosseguiu:

– Deus, Pai de amor, permitiu que eu me recompusesse de tantos descaminhos. Agora, estou bem certa do que devo fazer.

E, num olhar de ternura, inesquecível para Justus, concluiu:

– Quero que você seja meu filho!

Ante o espanto de Leo e do próprio Justus explicou ao namorado:

– Sabe, Leo, estive como você naquela reunião no "Jardim dos Girassóis e das Dálias", só que recebi aconselhamento dos seus avós para que não nos víssemos, de forma a preservar o seu livre-arbítrio. Acompanhei seus passos, à distância, conforme recomendado. Vi, inclusive, quando aquela linda garotinha do coral acenou para você.

Apontou para as mães dos pretores e complementou:

– Fui trazida aqui por elas. Mostraram-me como errei e sugeriram incluir Justus numa eventual família que eu venha a formar...

Leo, atônito, também quase sem conseguir respirar, balbuciou:

– Se é assim, então Justus será... nosso filho...

Esse não foi o primeiro pedido de casamento feito no além...

Uma face já repetida da realidade ali se descobriu para todos: uma esposa que trocou o marido pelo enteado; um filho que não respeitou o próprio pai, unindo-se espuriamente à madrasta; e finalmente, esse marido e pai traído arvorar-se em juiz e carrasco inflexível, semeando vinganças sem fim.

Viram mais os presentes: do que é capaz a força invencível da verdade e o esplendor do amor, ao lançar sementes de perdão não apenas naqueles sofridos corações familiares do passado, mas neles próprios, fazendo em todos brotar o arrependimento e o desejo de reconciliação.

Justus, olhando ambos, ajoelhados diante dele e em lágrimas pedindo-lhe perdão, sentiu que as forças lhe faltaram. Só agora entendeu por que não conseguira se aproximar ou identificar Renata: é que ela estava modificada e sua aura brilhante ofuscara a imagem antiga de esposa traidora...

Não fosse o amparo da anciã, que de pronto o energizou, teria mesmo perdido os sentidos. Assim, refazendo-se, ergueu o filho e a ex-esposa e disse bem alto, para todos ouvirem:

– Deus é amor! Para mim nada mais me importa, senão estar reunido aos corações que amo. Abençoada seja a instituição divina da família!

De novo todo o anfiteatro aplaudiu. As palmas, sinceras, prolongaram-se.

Os demais componentes do "179" foram se aproximando, um a um e abraçaram Justus. Aí, todo o anfiteatro se posicionou em fila, para fazer o mesmo.

Maravilhando a todos, mais ainda, notaram que tinham desaparecido as faixas de suas vestes e que, agora, da cintura para cima, imperava alvura radiante.

Surpresos, notaram onde estavam: no "Jardim dos Girassóis e das Dálias".

Nesse momento, o ancião ainda esclareceu:

– De alguma forma eu e minha esposa nos tornamos responsáveis pelos desatinos de nosso filho. Graças à bondade infinita de Deus estamos na direção dessa venerável instituição, palco de encontro de famílias em formação, com vistas a se reconciliarem. Todos vocês tiveram infeliz ligação com meu filho e é por isso que agora aqui retornaram. As Leis Divinas, com e por amor, determinaram que fosse interrompida tão triste trajetória.

Olhando para a clarabóia, proclamou:

– Por tudo isso, louvemos a Deus!

Através de sons vindos do infinito, ouviu-se o canto da famosa peça coral *Alleluiah* (do hebreu = *Louvai a Jeová*), de *O Messias*, do compositor alemão Georg Friedrich Haendel[34].

Leo ainda perguntou ao avô:

– Tanto errei também, magoando corações...

– Pois desde já reinicie nova rota.

– Nunca mais jogarei xadrez!

– Jogará sim, querido neto, só que em outro tabuleiro...

– ?!

– No tabuleiro da vida, reconfortando corações magoados.

Justus, não querendo desperdiçar momento tão abençoado, perguntou:

– Pai: e eu?

– Você estará sob nossa custódia por tempo necessário a reunir condições para também reconstruir seu próprio caminho.

34 – 1726-1759. (N.E.)

Na manhã seguinte, Leo acordou absolutamente bem-disposto.

Contou para a mãe que sonhara com avós que não conhecia... também sonhara com Renata e que estavam casados...

Examinado, demonstrou estar em perfeita saúde, isento de qualquer anormalidade orgânica, fosse neurológica ou de outra natureza.

Os médicos, perplexos, mais não tiveram de fazer senão apenas dar-lhe alta médica, "por curado". Só não souberam dizer "curado de quê"...

Leo, sempre na companhia de Renata, passou a freqüentar assiduamente o centro espírita. E logo se associou à mocidade espírita.

Não tardou e introduziu o jogo de xadrez entre os adolescentes e jovens da Mocidade Espírita, fazendo muito gosto em ensiná-los, acoplando a cada lição os ensinamentos de Jesus... Logo, outras mocidades espíritas o procuraram.

Ele próprio nunca mais jogou xadrez por competição e sempre que podia ganhar dava um jeito de a partida empatar.

Dentre os freqüentadores do centro espírita conheceu um jovem casal, o qual teve a "impressão de já ter visto, só não se lembrava onde". Eram Diógenes e Daniela...

Voltou a estudar e formou-se advogado. Dedicou-se exclusivamente a atuar nas causas cíveis, principalmente em casos de separações conjugais, conseguindo impedir a maioria delas...

Foi com esperanças e frustrações que, após dez anos, depois de duas gravidezes interrompidas por aborto espontâneo, no lar do casal Leo e Renata nasceu um menino absolutamente incapaz de ter vida longa. Marcante naquela criança o inefável olhar que dirigia aos pais, única expressão que conseguiu fazer, nos seus quatro aninhos de sofrida vida física, acometido que era da *síndrome de Down*[35].

Esse sorriso permaneceria indelével na memória dos pais.

Vieram outros filhos e o tempo passou.

Quanto aos filhos, em particular, naquela casa nasceu uma menina que tinha voz qual graciosa mélroa e que cresceu vivendo a cantar, como se de fato fosse a gentil ave que premia a natureza com seu mavioso canto.

Nem os pais, nem a filha, lembravam-se de que ela era um espírito conhecido de há muito e que poucos anos atrás, eles encarnados e ela no plano espiritual, estavam os três num bosque onde crianças cantavam, em coral... Sabendo que eles seriam seus pais, a menina pudera manifestar felicidade.

Quando Leo e Renata tiveram o primeiro neto, não bastasse serem espíritas convictos, já tão-somente pelo inconfundível olhar desse neto visitou-lhes quase sublime certeza o fato de que ali estava aquele filhinho tão sofrido, que por duas vezes "quase" chegara ao seu lar.

E esse neto, com razoável normalidade orgânica, por alguns impedimentos dos pais, com os avós conviveu bastante, em santa comunhão de corações.

Inteligentíssimo, sob incentivo e custeio integrais do avô, o neto se formou em Direito sendo mais tarde nomeado juiz... Teria oportunidade de desfazer brigas em centenas de processos.

FIM

35 – Doença congênita caracterizada por malformações dos órgãos (coração, rins), retardamento mental de moderado a severo, alterações nas feições, além de outras eventuais anomalias. (N.E.)

ANEXO

Síntese das regras do jogo de xadrez

Apresentamos de maneira bem simples e direta algumas regras do jogo de xadrez, para principiantes. Em paralelo, objetivamos despertar o gosto por este jogo naqueles que ainda não o conhecem.

A principal característica deste jogo é aprimorar a reflexão, a disciplina e a observação.

Pode ser um verdadeiro "fazedor" de amigos, pois durante todo o transcorrer da partida deve imperar a elegância de atitudes.

O que é o xadrez?

O xadrez é um jogo de tabuleiro, disputado por dois oponentes e inspirado nas guerras medievais. Há várias versões sobre sua origem – umas lendárias e outras mais realistas. O jogo que temos hoje apresenta diferenças em relação ao original. A dama, antigamente, mexia-se só uma casa por vez e não tinha esse nome. Na sociedade machista da Idade Média, o rei tinha ao seu lado o conselheiro, não sua consorte. O roque também não fazia parte do jogo original.

Objetivo do jogo

O objetivo do jogo é dar xeque-mate, isto é, colocar o rei adversário sob ataque, de tal modo que não se possa evitar, por meios legais, sua captura no lance seguinte.

O tabuleiro e as peças

O jogo de xadrez é disputado sobre um tabuleiro quadrado de sessenta e quatro casas, alternadamente claras e escuras (Figura 1). Cada jogador dispõe inicialmente de dezesseis peças, sendo um rei, uma dama, dois bispos, dois cavalos, duas torres e oito peões. Um jogador joga com peças brancas, enquanto o outro vai com as pretas. Os movimentos são feitos alternadamente, um jogador a cada vez, com o condutor das brancas sempre iniciando a partida.

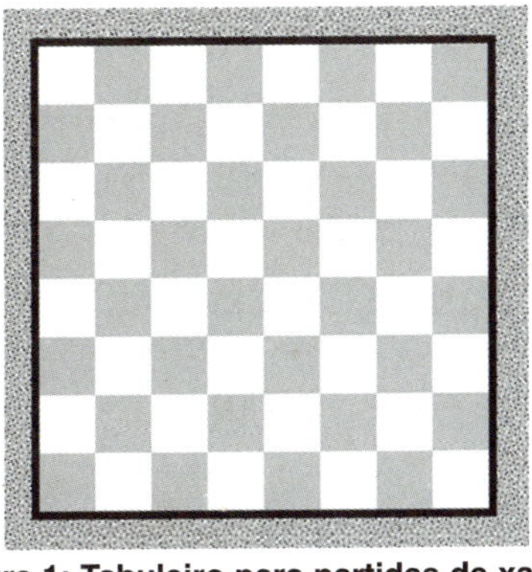

Figura 1: Tabuleiro para partidas de xadrez

As linhas verticais do tabuleiro são denominadas colunas, enquanto as horizontais são as fileiras, que são numeradas de um a oito, ao passo que as colunas recebem letras de "a" a "h", da direita para a esquerda (Figura 2).

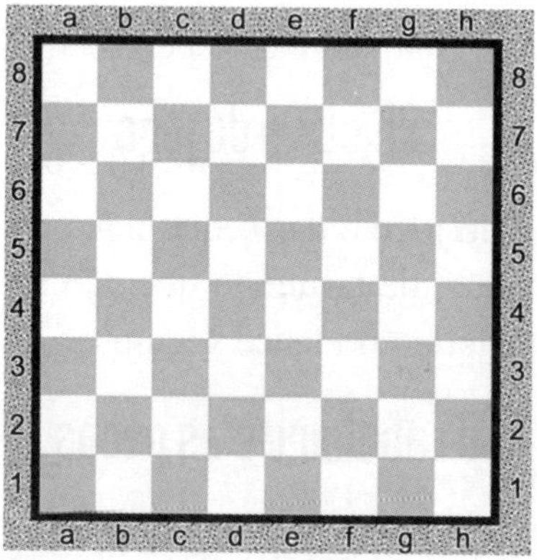

Figura 2: Tabuleiro com colunas nomeadas e fileiras numeradas

Posição inicial

No início do jogo, o tabuleiro deve ser colocado entre os dois jogadores, de tal forma que a casa à direita de cada um seja branca. As fileiras um e dois devem ser ocupadas pelas peças brancas; as pretas ocupam a sétima e a oitava fileiras.

As peças devem ser assim dispostas:

As torres ficam nos cantos do tabuleiro, nas colunas "a" e "h". Os cavalos são postos ao lado delas, nas colunas "b" e "g". Os bispos posicionam-se inicialmente nas colunas "c" e "f". Sobram as casas "d" e "e" para a dama e o rei. A dama ficará na casa de sua cor, enquanto o rei ocupará a que sobrou. Na prática, pode-se dizer que a dama sempre se posicionará na casa "d", enquanto o rei estará na "e".

Os peões são colocados à frente das outras peças, ocupando uma fileira inteira. As casas do tabuleiro são denominadas de acordo com a coluna e a linha a que pertencem. Dessa maneira, a casa da primeira fileira mais à esquerda do jogador das brancas é a a1, onde fica no início uma das torres.

Veja a seguir a posição completa das peças no início do jogo:

Brancas - torres em a1 e h1, cavalos em b1 e g1, bispos em c1 e f1, rei em e1, dama em d1 e peões em a2, b2, c2, d2, e2, f2, g2 e h2.

Pretas - são posicionadas nas mesmas colunas das brancas, só que seus peões ficam na fileira sete e as outras peças na oito (Figura 3).

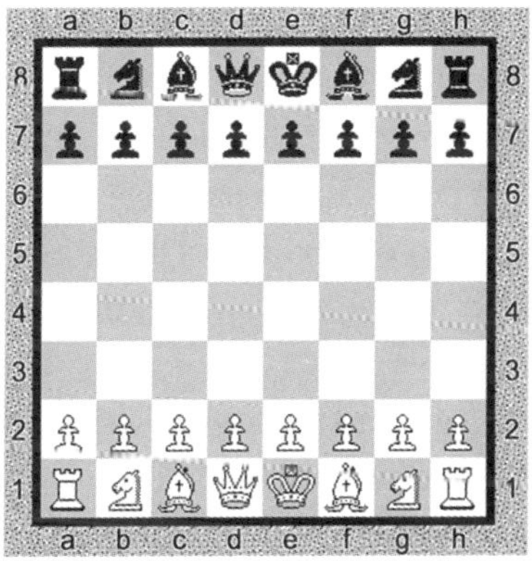

Figura 3: Tabuleiro com as peças posicionadas para início do jogo

Movimento das peças

No xadrez, cada peça tem um tipo de movimento. Duas peças da mesma cor não podem ocupar a mesma casa. Se uma peça move-se para uma casa ocupada por uma peça adversária, esta é capturada, ou seja, retirada do tabuleiro, com a peça capturadora ocupando seu lugar.

Rei – só pode mover-se uma casa por vez, em qualquer direção.

Torre – pode se mover para qualquer casa ao longo da fileira ou coluna que ocupa.

Bispo – move-se para qualquer casa ao longo da diagonal que ocupa. Assim, se começa em uma casa branca, sempre se moverá pelas casas brancas.

Dama – é a peça mais poderosa do jogo, podendo mover-se para qualquer casa ao longo da diagonal, vertical ou horizontal que ela ocupa. Dessa forma, pode ser usada como se fosse um bispo ou uma torre.

Observação: dama, bispo e torre não podem saltar por sobre nenhuma peça, de cor igual ou oposta.

Peão – em seu primeiro lance, pode mover-se uma ou duas casas na vertical. A partir do seu segundo lance, ele apenas poderá avançar uma casa por vez, sempre de maneira vertical.

Captura feita por peão – o peão é a única peça do jogo que se move em um sentido e captura peças do adversário em outro. Ele só pode tomar peças que estejam nas diagonais imediatamente à sua frente.

Exemplo: se um peão branco está em d4, só poderá capturar uma peça preta se esta estiver em c5 ou e5.

Promoção do peão – se um peão branco conseguir chegar à fileira oito ou um preto alcançar a fileira um, ele é promovido. Neste caso, retira-se o peão do tabuleiro e, no seu lugar, o jogador pode pôr outra peça à sua escolha. Claro que, na maioria dos casos, o dono do peão promovido escolhe trocá-lo por uma poderosa dama, mesmo ainda tendo a dama original.

Cavalo – é a única peça que pode pular por sobre as outras. Seu movimento é sempre feito em “L”. Assim, ele se move duas casas na horizontal e uma na vertical ou vice-versa, em qualquer direção.

Avanço e recuo – todas as peças podem avançar e recuar, mas apenas o peão não pode voltar.

Movimentos especiais

Roque – No roque, o rei move-se duas casas em direção à torre, e esta ocupa a casa pulada por ele. O roque pode ser realizado para os dois lados. Se efetuado com o rei movendo-se em direção à torre da dama (a da casa "a"), o movimento é chamado de *grande roque*. O roque para o lado da torre do rei (a de "h"), dizemos que houve o *pequeno roque*, ou simplesmente roque.

No roque pequeno, o rei vai para a coluna "g" e a torre ocupa a coluna "f". No roque grande, o rei vai para a coluna "c" e a torre passa a ocupar a "d".

Condições para a realização do roque (grande ou pequeno):

1. Rei e torre não podem ter sido mexidos ainda;
2. O rei não pode estar em xeque;
3. A casa que o rei pulará não poderá estar ameaçada.
4. Não pode haver peça entre rei e torre.

Símbolos do roque:

0-0 (roque pequeno)

0-0-0 (grande roque)

En passant – se um peão, no seu primeiro lance, mover-se em duas casas, pulando uma atacada por um peão adversário, este poderá capturá-lo, como se ele tivesse se movido apenas uma casa. Esse tipo de tomada é chamada *En passant*, que significa "de passagem" e só pode ser realizada no lance imediatamente posterior ao movimento inicial do peão que será tomado.

Exemplo de tomada em *en passant*: as brancas possuem um peão em a2 e as pretas um em b4. Se o jogador das brancas mover seu peão para a4, ele estará pulando a casa a3, ameaçada pelo peão adversário. Neste caso, o jogador das pretas pode fazer a captura no seu lance seguinte, como se o peão branco estivesse em a3.

Xeque – dizemos que o rei está em xeque quando uma ou mais peças o ameaçam.

Proibição – não é permitido mover nenhuma peça de tal forma que se exponha o próprio rei à ameaça de uma peça adversária, ou seja, a um xeque.

Empate – o empate acontece quando:

1. Nenhum dos jogadores possui meios legais para dar xeque-mate;

2. Uma mesma posição é repetida três vezes;

3. Um dos jogadores dá "xeque perpétuo", ou seja, efetua uma série de ameaças ao rei adversário, sem que, contudo, possa ou consiga efetuar o mate;

4. Há "empate de salão", isto é, os dois jogadores constatam empate, após análise da posição;

5. Há "rei afogado", ou quando o jogador que tem a vez de jogar não tem nenhum movimento legal para fazer e não se encontra em xeque. Nesse caso, diz-se que o rei "está afogado". Simplificando: se um jogador não está em xeque, mas qualquer movimento que possa fazer o colocará em xeque, ocorre o empate, por "afogamento do rei".

6. Se, por cinqüenta lances consecutivos, não acontecer nenhum movimento de peão ou nenhuma captura. A partida também é considerada empatada se um jogador, tendo apenas o rei, consegue efetuar cinqüenta lances sem levar mate.

Qual a peça? – em determinado lance da partida, pode ocorrer que as duas torres – uma ou outra – possam se mover para uma mesma posição. Nesse caso, para anotar qual delas fará o movimento, sua posição inicial é designada e após o destino (isso, naturalmente, se desde o início da partida a anotação não registrava a posição inicial da peça movimentada).

Mesma anotação se a situação envolver os dois cavalos.

J'adoube – Expressão francesa internacionalmente usada e que significa "eu arrumo". Utiliza-se, previamente, quando se quer advertir o adversário de que vamos tocar em alguma peça com a intenção de arrumá-la.

Tempo de jogo

Quando se convenciona jogar uma partida com tempo programado, usa-se um relógio que tem medidor especial de tempo para partidas de xadrez de campeonatos, com duplo mostrador indicando o dispêndio de tempo de cada competidor.

Notação

Se os jogadores quiserem, uma partida poderá ser anotada, lance a lance.

Um dos sistemas atualmente mais em uso é o que vemos, a partir da Figura 4.

Podemos denominá-lo de "notação pelo sistema algébrico" (letras e números).

a8	b8	c8	d8	e8	f8	g8	h8
a7	b7	c7	d7	e7	f7	g7	h7
a6	b6	c6	d6	e6	f6	g6	h6
a5	b5	c5	d5	e5	f5	g5	h5
a4	b4	c4	d4	e4	f4	g4	h4
a3	b3	c3	d3	e3	f3	g3	h3
a2	b2	c2	d2	e2	f2	g2	h2
a1	b1	c1	d1	e1	f1	g1	h1

Figura 4: Tabuleiro com notação algébrica das quadrículas

As filas são numeradas de 1 a 8, a partir do lado das brancas.

As colunas, da mesma forma, mas sendo classificadas pelas letras de "a" a "h".

Com isso, temos que cada quadrícula do tabuleiro fica definida pela combinação de uma letra (coluna) e um número (fila).

As peças são designadas pela inicial do seu nome, como vimos, **menos o peão**, no qual não se põe inicial (na nossa partida colocaremos, tendo em vista facilitar o acompanhamento dos leitores menos afeitos ao xadrez).

Símbolos:

x (captura)

+ (xeque)

++ (xeque-mate)

! (boa jogada)

Sugerimos que toda partida seja anotada.

As peças são denominadas pela inicial maiúscula, conforme mostrado a seguir:

 REI (R) 

 DAMA – (D) 

 TORRE – (T) 

 CAVALO – (C) 

 BISPO – (B) 

 PEÃO – (P) 

Livros de José Carlos De Lucca

Com os olhos do coração

A harmonia entre os familiares no relacionamento doméstico é o alicerce da vida feliz! Para quem deseja entender e superar os desentendimentos que acontecem no lar é uma excelente oportunidade para conquistar uma vida melhor. Sugerindo atitudes práticas, amplia os horizontes espirituais dos leitores.

Para o dia nascer feliz

Sugestões práticas para superar dificuldades e vencer a incerteza, o desânimo e a depressão. Uma verdadeira investida na direção da felicidade – do mesmo autor do *best-seller Sem medo de ser feliz* – apresenta ao leitor valiosa coletânea de recomendações incentivando a reformulação das atitudes frente à vida.

Justiça além da vida

Mário forma-se advogado e sonha em ser delegado. No decorrer da história, ele vai deparando com situações constrangedoras diante de pessoas que não se importam com o bem-estar do próximo nem com a aplicação correta das leis. Um romance em que o bem e o mal se constrastam como alternativas de vida.

Sem medo de ser feliz

Todos estão à procura da felicidade, ricos e pobres, homens e mulheres, religiosos e ateus. Mas, infelizmente, muitos estão condicionando a sua felicidade a coisas externas, como riqueza, fama, sucesso profissional etc. Precisamos entender que ela não está fora de nós, é um estado de espírito, uma maneira de ver a vida.

Leia e recomende!
À venda nas livrarias espíritas e não-espíritas

Livros de Alceu Costa Filho

Nas margens do grande rio
Romance do Espírito Xisto Vinheiros
Anselmo e Eulália vivem às margens do Rio Araguaia. Na fazenda, espíritos conspiram com perversas intenções de vingança.

Entre amigos
Ditado pelo Espírito Filipe
No plano invisível do centro espírita, acontecimentos envolvem os que ali se encontram, beneficiados pelo trabalho de espíritos benfeitores.

Ao entardecer de uma existência
Ditado pelo Espírito Cornélio Pires
Sentindo-se abandonado e inútil, Francisco vive de recordações. Um visitante espírita, Luiz, vai ganhar sua amizade e auxiliá-lo a mudar sua vida.

À sombra da luz
Ditado pelo Espírito Filipe
O Espírito Filipe e seus caravaneiros instalam, na tenebrosa região dominada por Ponciano, um posto avançado, o "Luz", para socorrer almas arrependidas.

Uma flor do nosso jardim
Romance do Espírito Nina Arueira
Celina, órfã, está sozinha na casa que herdou. Procurando ajudá-la, um espírito a acompanha...

Do amor nasce o perdão
Romance do Espírito Xisto Vinheiros
Depois de várias encarnações, unidos pela ambição, Getúlio e Sérgio lutam contra os desafetos do passado.

O diário de Sofia
Narrado pelo Espírito Nina Arueira
Entre a vida e a morte, Sofia vive uma experiência fantástica. Hospitalizada, em coma, ela vai adentrar a uma nova realidade: a vida espiritual.

Leia e recomende!
À venda nas livrarias espíritas e não-espíritas

Livros de Alceu Costa Filho

Na poeira dos séculos
Romance do Espírito Filipe
Um grupo de cristãos busca pelos desertos depoimentos e escritos a fim de registrarem para a posteridade as passagens da vida de Jesus entre nós.

Razões para um dia feliz
Uma conversa amiga com o Espírito Filipe
A verdadeira felicidade é um estado de espírito, conquistado por aquele que sente a vibração divina no coração, iluminando sua jornada terrestre.

O tempo de cada um
Ditado pelo Espírito Cornélio Pires
Por meio de uma história bem-humorada, Cornélio nos mostra os perigos que os dirigentes espíritas enfrentam ao se acomodarem.

Para vocês com saudade
Ditado pelo Espírito Filipe
Muitas das mensagens deste livro ainda não encontraram seus respectivos destinatários. Independente disso trazem ensinamentos preciosos e úteis.

Memórias da mediunidade
Ditado pelo Espírito Filipe
Filipe nos leva a conhecer vários casos de derrotas de trabalhadores das casas espíritas que negligenciaram o orai e vigiai.

Os valores e o tempo
Romance do Espírito Xisto Vinheiros
No turbilhão das vidas passadas, os espíritos benfeitores encontram explicações para os mistérios que envolvem aqueles que se reencontram na casa-grande...

O portal da consciência
Ditado pelo Espírito Filipe
A caravana de Filipe nos leva a conhecer o posto de socorro Portal da Consciência, onde os espíritos socorridos ficam frente a frente com a própria consciência.

Se você quiser conhecer todos os nossos títulos, e se interessar em receber um catálogo, sem compromisso, envie seus dados para Caixa Postal: 67545 – Ag. Almeida Lima – CEP 03102-970 – São Paulo - SP ou se preferir via e-mail: petit@petit.com.br

Sucessos da Butterfly Editora

Eurípedes Kühl

SONHOS:
VIAGENS À ALMA

O fantástico mundo dos sonhos, inteiramente desvendado em todos os seus mistérios.

Formato: 14x21cm
256 páginas

Carla Wills-Brandon

UM ÚLTIMO ABRAÇO ANTES DE PARTIR

No leito de morte, revelações sobre os derradeiros instantes daqueles que vão partir.

Formato: 14x21cm
272 páginas

Lee Carroll & Jan Tober

CRIANÇAS ÍNDIGO

Best-seller: os futuros líderes de um mundo em transição estão nascendo por toda parte!

Formato: 14x21cm
272 páginas

Yitta Halberstam & Judith Leventhal

MILAGRES DE AMOR E AMIZADE

Um milagre pode modificar sua vida: 64 histórias incríveis que comprovam essa afirmação.

Formato: 14x21cm
240 páginas

Francisco Cândido Xavier

DESPERTAR

Lindas mensagens do Espírito André Luiz para uma vida melhor.

Formato: 17x17cm
96 páginas

Robert Holden

RIR AINDA É O MELHOR REMÉDIO

A felicidade está mais perto dos bem-humorados: o incrível poder terapêutico do riso.

Formato: 14x21cm
152 páginas

BUTTERFLY EDITORA

Para conhecer outros livros da Butterfly Editora, basta acessar o site www.flyed.com.br ou solicitar um catálogo sem compromisso pela Caixa Postal 67545 - Ag. Almeida Lima - CEP 03102-970 - São Paulo - SP.

Em direção a um mundo melhor